감사

삶의 시작이자 끝

Gratitude A Way of Life
by Louise L. Hay and Friends
Copyright © 1996 by Louise Hay, The Hay Foundation
Original English Language Publication by Hay House, Inc., California, USA.
Korean translation rights arranged with Hay House, Inc, USA and Kmiraclemorning
Publishing Inc., Seoul Korea through Interlicense Ltd.
Korean Edition Published by Kmiraclemorning Publishing

완전한 행복의 중심으로 가는
단 하나의 삶의 방식, 감사!

감사
삶의 시작이자 끝

루이스 헤이와 친구들 지음

엄남미·이계윤 옮김

Gratitude

Louise Hay

K⁺
MIRACLE
MORNING
KMM PUBLISHER

이 책이 나올 수 있도록 도움을 주신
모든 분들께 감사합니다.

루이스 헤이

Louise L. Hay

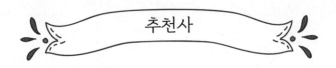

추천사

나에게는 무조건 감사하는 버릇이 있다. 처음부터 감사가 그리 쉬웠던 것은 아니었다. 삶에서 바닥을 칠 때 그 누가 감사할 마음이 들겠는가? 그럼에도 불구하고 시도 때도 없이 감사를 하다 보니 내 인생은 전과는 비교할 수 없을 정도로 많이 달라져 있다. 이제는 좋은 때도 안 좋을 때도 자동으로 감사가 내 안에서 재생된다. 그렇다면 무엇이 나의 삶을 바꾸게 했을까?

　우리의 우주는 감사와 사랑의 에너지로 가득 차 있다. 감사는 이미 일어난 일들에 대한 것이 아닌 지금부터 일어날 일에 대한 것이다. 현실은 우리가 지금 어떤 의식 상태에서 받아들일 것인가에 따라 결정된다. 감사는 우리의 현재 에너지 상태를 알아차리게 하고 마음의 태도를 바꾼다. 감사를 할 때 우리 내면의 에너지는 확장되고, 응집되어 현실에 나타난다.

"감사는 자기 훈련이고 태도다!"

이 책은 우리 마음의 감사 근육을 늘리는 훈련을 도와준다. 교과서적인 감사 훈련이 아닌 실제 여러 에피소드를 통해 감사에 대한 다양한 경험과 생각들을 엿볼 수 있으며 여러분의 감사에 대한 개념을 확장시키는데 도움이 될 것이다.

여러분은 이 책을 읽는 동안 마법처럼 감사의 에너지 상태에 놓일 것이다. 얼굴에는 자연스레 미소가 지어지고 머릿속은 긍정적인 생각의 물결이 일렁이게 될 것이다. 아마도 책에 적힌 수많은 감사와 사랑이라는 단어의 에너지 덕분이 아닐까? (웃음) 뿐만 아니라 저자들의 감사에 대한 높은 영적 에너지는 책을 읽는 여러분의 세포 하나하나에 작용하여 마침내 여러분의 의식을 감사라는 높은 에너지 영역에 쉽게 닿을 수 있게 할 것이다. 이 에너지는 여러분이 책을 읽어가는 내내 자동으로 감사할 것들을 떠올리게 할 것이다. 책을 읽는 동안 감사의 에너지가 넘쳐 지금 당장 감사를 하고 넘어가지 않으면 안 되는 기분이 들 것이다! 머리가 이해하는 감사를 넘어 가슴이 감사로 절로 작동하게 될 것이다.

감사는 바로 지금 이 순간 내 삶의 소중함을 일깨워 준다. 우리가 감사하는 그 순간 우리의 의식은 현재로 집중되고, 내가 경험하고 있는 것들이 나를 위해 살아 움직이는 삶 그 자체라는 것을 그냥 알게 된다. 감사는 지금 바로 여기에서 작동하며 일어난다. 여러분이 이 책을 읽는 동안 그 어느 때고 감사할 것들이 떠오른다면 잠시 책을 덮고 현재의 감사에 집중해도 좋다. 그렇게 훈련하다 보면 여러분은 감사 없는 인생은 허전하다고 느끼게 될 것이다. (웃음) 감사가 곧 나이며 앞으로의 내 삶이다. 감사는 바로 지금 당장 여기에서 그냥 있는 그대로의 존재이자 생명 에너지다!

'더 마스터' 저자 클래스 케이

헌사

웨인 다이어

도린 버츄

앨런 코헨

샥티 거웨인

존 랜돌프 프라이스

애이미 딘

버니 시걸

스튜어트 와일드

수잔 제퍼스

존 보리센코

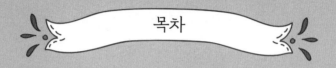

목차

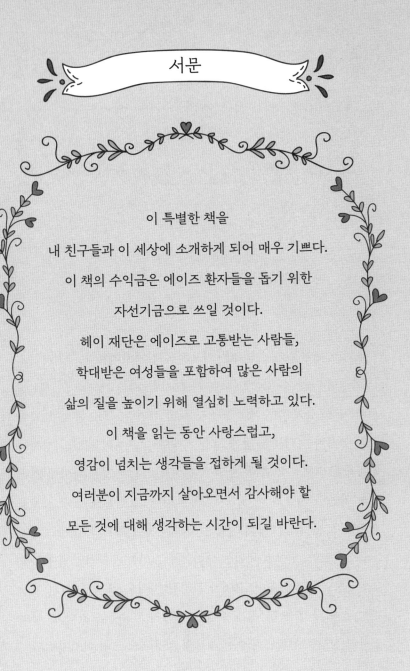

서문

이 특별한 책을
내 친구들과 이 세상에 소개하게 되어 매우 기쁘다.
이 책의 수익금은 에이즈 환자들을 돕기 위한
자선기금으로 쓰일 것이다.
헤이 재단은 에이즈로 고통받는 사람들,
학대받은 여성들을 포함하여 많은 사람의
삶의 질을 높이기 위해 열심히 노력하고 있다.
이 책을 읽는 동안 사랑스럽고,
영감이 넘치는 생각들을 접하게 될 것이다.
여러분이 지금까지 살아오면서 감사해야 할
모든 것에 대해 생각하는 시간이 되길 바란다.

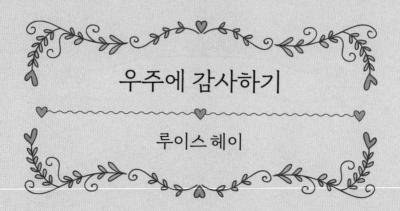

우주에 감사하기

루이스 헤이

루이스 헤이는 형이상학을 가르치는 강연자이자 교사이며,《치유》,《나는 할 수 있어》,《나는 나를 사랑하기로 했다》,《인생! 삶의 여행》등 수많은 베스트셀러를 낸 작가다. 1981년 마음 과학의 목사라는 직책을 받아 일을 시작한 이후부터 개인의 성장과 치유를 위해 타인을 돕는 일에 헌신해왔다. 수많은 사람이 스스로 마음을 치유할 수 있도록 책과 강연, 간행물을 통해 도움을 주었다. 루이스 헤이의 작품은 35개국에서 29개의 언어로 번역 출간되었다. 루이스 헤이는 헤이 하우스라는 세계적인 출판사의 설립자이자 회장이다. 그녀가 전파한 비디오, 오디오, 자기 계발서, 세미나 등은 전 세계 수많은 사람의 치유를 도왔다. 그녀의 자기 성장 발전의 도구들은 지구의 치유에도 크게 이바지했다.

나는 우주가 감사를 좋아한다는 사실을 알게 되었다. 우리가 더 많이 감사하면 할수록, 좋은 것들을 더 많이 받게 될 것이다. 여기서 말하는 "좋은 것들"이란, 물질적인 것뿐만 아니라 사람, 장소, 삶을 더 가치 있게 만드는 경험까지 의미한다. 삶이 건강과 기쁨, 창조성과 사랑으로 가득할 때 얼마나 위대한 감정이 벅차오르는지 알고 있는가? 운전할 때 초록 불이 더 많이 켜져 있다는 걸 깨닫게 되고, 주차장에는 항상 자리가 남아있는 식으로 말이다. 이것이 우리의 삶이 펼쳐지기로 되어 있는 생의 의미이다. 우주는 언제나 관대하고 풍요로움으로 가득 차 있다. 우주는 항상 베푸는 감사이고, 감사함을 받는 걸 좋아한다.

친구에게 선물을 주었을 때의 감정을 한번 떠올려 보라. 친구가 선물을 받고 얼굴을 찡그리며 이렇게 말한다. "음, 이건 내가 생각했던 사이즈가 아니네. 내가 좋아하는 색도 아닌데. 이런 걸 써본 적이 없는데. 이게 다야?"라고 반응한다면 나는 이렇게 확실히 말할 수 있다. 정성껏 선물을 준비한 친구는 불평하는 친구에게 다시는 선물을 주고 싶지 않을 것이다. 반면 친구가 기쁨으로 안구가 정화될 정도로 눈물을 흘리며 감동한다고 생각해 보자. 받은 선물을 들고 춤을 춘다면, 그리고 기뻐하면서 너무나도 감사하다고 인사한다면, 선물을 준 사람은 어떤 마음이 들까? 그는 감동하는 친구가 가지고 싶다고 말한 것을 지나가다 볼 때마다 사주고 싶을 것이다. 실제로 사주든 말든 상관없이 그런 마음이 든다.

감사는 더 많은 감사할 일들을 불러온다. 감사는 풍요로운 삶을 더욱 풍요롭게 만든다. 감사가 부족하거나 일상이 불평으로 가득하다면, 삶에서 별로 기쁜 일들은 잘 생기지 않을 것이다. 항상 불평하는 자들은 그들의 삶에서 별로 좋은 일이 없다고 이야기한다. 가지고 있는 게 충분하지 않아서, 삶을 즐기지 못한다고 말한다. 우주는 항상 우리가 받을 가치가 있다고 생각하는 것을 우리에게 제공한다. 우리 중 많은 사람은 가지고 있지 않은 것을 원하고 항상 결핍감을 느끼면서 살아간다. 우리는 부족한 상태에서 태어났으며 삶이 왜 이렇게 공허할까라고 궁금해한다. 만일 "나는 가진 게 없어. 내가 소유하기 전까지는 행복하지 못할 거야."라고 믿는다면 삶을 보류하고 있는 것과 같다. 우주는 "나는 가진 게 없어서 행복하지 않아."라는 말을 더 많이 듣게 된다.

지금도 그렇고 앞으로도 더 오랫동안 나는 모든 칭찬과 선물을 다음과 같이 확언하며 믿을 것이다.

"나는 이 칭찬과 선물을 기쁨과 감사와 즐거움으로 받아들인다."

나는 오랫동안 우주가 이 확언의 표현을 좋아한다는 걸 알았다. 그리고 계속해서 삶에서 가장 멋진 선물들을 받기 시작했다.

내가 매일 아침 일어날 때마다 눈 뜨기 전 혹은 밤에 잠들기 전에 하는 첫 번째 행동은 "감사하는" 것이다. 침대가 주는 따뜻함과 편안함에 진심으로 감사한다. 그러고 난 후부터는 더욱더 감사할 것들을 많이 찾아낼 수 있다. 침대에서 내려올 때는 거의 80~100개의 감사 메모를 한다. 내 삶에 존재하는 감사한 사람들, 장소, 물건, 삶의 경험을 포함하여 감사를 전하고 싶은 목록을 수없이 떠올린다. 이 방법은 하루를 긍정적으로 시작하기에 가장 좋은 실천이다. 나는 이 감사 메모 실천을 매일 잠들기 전과 일어난 후 바로 한다.

저녁에 잠자리에 들기 바로 직전, 하루 동안 감사한 점에 대해서 깊이 느끼고 축복할 일들을 세어본다. 만약 실수를 저질렀다고 느낀다면, 그런 나 자신을 용서한다. 최선이 아닌 선택을 했거나 말을 적합하게 하지 못했을 때도 그런 나를 있는 그대로 용서한다. 이러한 자기 전 루틴으로 나는 심장이 아주 따뜻하게 녹아드는 감정을 느끼곤 한다. 내 몸을 사랑으로 꽉 채우는 느낌이다. 이 느낌은 엄마가 추운 겨울날에 아이의 옷을 아랫목에다 따뜻하게 데워서 입혀주는 그런 뽀송한 자애의 느낌이다. 감사의 의식을 치른 후 행복한 아기처럼 잠에 스르르 빠진다.

우리는 배워야 할 교훈에도 감사하길 원한다. 배워야 할 교훈이 있다면 그 교훈을 회피하지 말라. 교훈은 우리에게 배달된 보물 같은 소포다. 우리가 삶에서 배워야 할 교훈을 잘 받아들이면 삶은 더 좋은 방향으로 변한다. 이제 나는 예전과 달리, 삶에서 반드시 배워야 할 교훈을 스스로에 대해 알아야 할 보물처럼 여긴다. 그 교훈은 검은 연기처럼 무의식의 어두운 부분으로 수용해야 할 몫으로 보고 있다. 나는 이제 삶에서 겪는 어려움을 내 삶을 가로막는 장애물로 인식하고, 그것들을 놓아줘야 한다는 신호로 받아들인다. 이제 기꺼이 놓아줄 준비가 되어 있다. 나는 이렇게 말한다.

"이 교훈을 알려줘서 고마워. 그러니 이제는 그 문제를 치유하고, 삶의 다음 단계로 옮겨갈게."

자, 이제 그 교훈이 문제이든 아니든 놓아버려야 할 과거의 부정적인 생각 패턴을 그냥 알아차리는 것뿐이다. 그러니, 기뻐하라!

삶에서 일어나는 매 순간 모든 것에 대해 감사하려고 노력하는 것은 어떨까? 매 순간 많은 일에 감사하려고 하면, 당장은 감사할 것들이 보이지 않지만, 차츰 많아질 것이다. 만약 지금 굉장히 풍요롭고 행복한 삶을 살고 있다면 감사가 그런 상황을 더 많이 경험하게 해줄 것이다. 이것을 나는 윈-윈 전략이라 부른다. 감사는 상생 전략으로, 너도 좋고 나도 좋은 것이다. 당신이 행복하면 우주도 행복하다. 감사는 풍요로움을 더 많이 가져다줄 것이다.

감사 일기를 써보라. 매일 감사한 것이라면 무엇이라도 좋으니, 펜을 들고 종이에 적어보자. 매일 뭔가에 감사한 느낌이 든 점을 누군가와 공유하라. 주위 사람들과 감사한 점을 나눠 보라. 판매원, 웨이터, 우체국 직원, 택배 직원, 고용주, 고용인, 친구, 가족, 완전히 모르는 낯선 사람들에게 감사를 전해보라. 단지 그들에게 "감사합니다!"라고 말하면 된다. 감사의 비밀을 공유해 보라. 이 세상을 감사로 가득 채우라. 모든 사람과 감사를 주고받아라.

치유가 필요 없는
신에게 감사

조안 Z. 보리센코

조안 Z. 보리센코 박사는 몸/마음 건강 과학 회사의 회장이며, 《치유하는 마음의 힘 : 마음 고치기》,《영혼의 불》,《몸을 마음화하기》,《마음 고치기》등 다수의 베스트셀러를 낸 작가이기도 하다. 보리센코 박사는 뉴 잉글랜드 디코니스 병원의 몸/마음클리닉의 공동 창립자이자 전 관리자였다. 암세포 생물학자이자 전문 심리학자인 그녀는 요가 명상 지도자로 활동하고 있다.

아주 화창한 어느 겨울날, 내가 살고 있는 콜로라도의 작은 야생 마을을 산책하기로 결심했다. 하늘은 로키산맥 고지대에서만 볼 수 있는 푸른빛을 띠고 있었다. 3월 초 태양은 갓 내린 눈의 섬세한 결정체에서 춤추는 빛을 만들기 시작했다. 큰 가문비나무의 나뭇가지 사이로 햇살이 금빛 액체의 느낌으로 쏟아졌다. 산봉우리들은 녹색과 회색으로 조각된 층으로 장엄하게 솟아 있었고, 아래 계곡에는 마치 요정 이슬이 안개구름을 뚫는 듯했다.

결연하게 길을 따라 산책하면서 나는 비범한 아름다움에 거의 눈이 멀 지경이었다. 차를 몰고 산을 내려가 지역병원에서 유방조직 검사를 받기 전에 긴장을 풀려고 산책을 한 이유는, 실제

발생 가능성이 있는 끔찍한 의학적 경우의 수를 점검해보기 위함이었다. 내 마음이 오래된 내면의 불안한 패턴으로 곤두박질치면서 그 마음속 생각들은 탄력을 받았다. 내 몸은 치명적인 위험에 처했을 뿐만 아니라, 다른 면에서도 삶이 잘 흘러가지 않았다. 인생의 잔에 물이 겨우 절반만 남은 것뿐만 아니라, 그 남은 물조차도 완전히 오염된 것처럼 보였다.

우리 막내는 22살이 되었음에도, 24년간 결혼생활을 유지했던 남편과의 별거로 인해 최근 몹시 괴로워했다. 물론 내 잘못이다. 일을 너무 많이 한다고 느꼈고, 완전히 번 아웃 상태가 되었다. 또 나의 잘못은, 타인에게 롤 모델이 되어야 할 때 마음속에 미친 생각들로 인해서 삶을 엉망진창으로 만들었다는 것이다. 죄책감, 두려움, 화, 실망감 등이 마음 챙김을 위해 이완 걷기 명상을 하는 동안에도 길에서 나와 합류한 감정이었다. 내면에서 끊임없이 불협화음을 내는 소리가 나와 동행했다.

뒷다리가 타는 것 같은 통증 때문에 갑자기 끔찍한 공상에서 깨어났다. 잘 훈련된 내면의 영화 상영에 완전히 집중하고 있었기 때문에 내 뒤에서 빠르게 다가와 나를 강하게 무는 저먼 셰퍼트의 존재를 전혀 알아차리지 못했다. 갑자기 정신의 영화는 즉시 엄청난 양의 파상풍톡소이드와 광견병 백신을 맞고 있는 것과 동시에 볼더 커뮤니티 병원 응급실에서 엉덩이를 봉합하기 시작하는 장면으로 바뀌었다. 당연히 나는 유방 조직검사를 빼먹을 수밖에 없으며, 다음 날에는 두 번째 의료 고문을 당해야만 할 것이다.

끈적끈적한 핏덩어리가 만져지기를 예상하면서 바지 속으로 손을 뻗었다. 그런데 이상하게도 내 손은 아주 깨끗했다. 갑작스러운 희망으로 힘이 나서 덤불 위로 미끄러져 바지를 끌어 내렸다. 저먼 셰퍼트의 송곳니 몇 개가 박힌 내 엉덩이는 빨갛게 쓸려 부어 있었지만, 피부는 찢어지지 않고 마법처럼 그대로였다.

기쁨의 비명과 함께, 바지를 끌어 올리고 무수한 감사 인사를 하면서 덤불에서 뛰쳐나왔다. 응급실은 없었고 파상풍 예방 주사는 맞지 않았으며 광견병으로 인해 죽음을 기다리지 않아도 되었다. 나는 제시간에 맞춰 조직검사를 받을 수 있을 것이다. 역시 나는 운이 좋다.

갑자기, 그 장면 전체가 우스울 정도로 재미있어 보였다. 저먼 셰퍼트는 끔찍한 상처에서 신의 사자로 변했다. "일어나, 이 바보 같은 인간아! 얼굴에 비친 따뜻한 태양을 느끼고 머리카락에 살랑살랑 부는 바람을 느껴봐. 너는 살아있어. 세상은 아름다워. 산도 살아있고, 매일 하루는 새로 태어나기에 젊잖아. 세상에서 경험하고 창조할 가능성은 무한대야."

건망증의 면사포가 눈에서 떨어졌고, 나는 갑자기 생명의 선물에 관한 감사함이 벅차오름을 느꼈다. 숨결 하나하나가 소중했다. 숨을 쉬며 내딛는 한 걸음 한 걸음이 기적이었다. 내가 집착했던 스트레스는 내가 삶을 이어갈 때 마음을 더 잘 챙기고 진정성 있게 살아가라고 손짓하는 것처럼 보였다. 마치 이미 어딘가에서 무언가 나에 대해 다 알고 있어서, 나에게 도전하라고 지시하는 짜고 치는 고스톱의 각본처럼 보였다. 이 일은 좀 더 사려 깊고 진정한 삶을 살아가라고 나에게 손짓하는 계기가 되었다. 평화로움이 퀼트 이불처럼 내 주위에 자리 잡았고, 보이지 않는 팔에 푹 안기는 느낌이었다.

감사는 우리의 정신을 집착에서 평화로, 고착에서 창의성으로, 두려움을 사랑으로 바꿀 수 있는 기어 변경과 같다. 매 순간 긴장을 풀고 마음을 가다듬는 이완 능력은, 우리가 감사할 때 자연스럽게 다가온다. 유대인들의 유산 중 하나는 '감사'라는 축복의 말이다. 유대인들은 잠들기 전 루틴으로 하루 동안 있었던 일에 대한 감사를 전하고 축복하고 기도하는 전통이 있다. 이 의식들은 세상에 존재하는 무한한 경이로움과 가능성을 창조한 신을 찬양하는 것이다. 별이나 무지개를 보는 것도 눈이 부시도록 아름다운 축복이다. 음식, 와인, 물이라는 선물에도 하나의 축복이 있다. 심지어 화장실에 가면 내장 기관이 잘 작동하기 때문에 이것도 역시 축복이다. 나는 하루 종일 즉흥적인 축복을 추가하는 것을 좋아한다. 무한한 창조적 우주와 우리가 신이라고 부르는 미지의 신비로움에도 감사한다. 가능성이 거의 희박한 타이밍에 나를 깨우기 위해 저면 세퍼트를 내면의 정신 영화관에 등장시킨 것에 대해서도 감사한다.

나는 언젠가 성당 치유 예배에 참석한 적이 있다. 그 예배에서 신부님은 삶에서 치유가 필요 없는 모든 것에 대해서도 감사의 기도를 하라고 강력하게 설교하셨다. 저면 세퍼트가 피부를 다치지 않게 해서 다행이다. 유방 조직검사에서 음성이 나와 다행이다. 감사함이 평화, 기쁨, 창조적 선택의 열쇠인 것을 적어도 생각날 때마다 기억할 수 있어서 감사하다. 건강해서 다행이다. 당신에게도 감사의 기적 선물이 있기를 바란다. 오늘 밤 잠자리에 들기 전에 잠시 시간을 갖고, 여러분의 삶에서 치유가 필요 없는 다섯 가지에 대해 감사를 표현하고 메모를 남겨보자. 신이 잠을 잘 때 축복을 선물할 것이다. 하루 종일, 여러분이 잘못된 것처럼 보이는 것들에 대해 끔찍하게 생각하는 자신을 발견할 때, 옳다고 생각하는 모든 것에 감사의 기도를 하는 것을 기억하자.

감사한 반성

캐를린 A 브래튼

캐를린 A. 브래튼은 버지니아의 유일한 전인적 치유 센터인 라이프 스트림 센터 로아노크의 공동 설립자이며, 목사이기도 하다. 루이스 헤이의 심화 훈련 프로그램을 몇 년 동안 모두 수료했다. 루이스 헤이의 《치유 있는 그대로의 나를 사랑하라》와 제임스 레드필드의 베스트셀러인 《천상의 예언》을 기반으로 미국과 해외에서 워크숍과 세미나를 진행하고 있다.

인생을 돌이켜보면서 나는 삶이 얼마나 놀랍게 펼쳐지는지에 대해 감사하지 않을 수 없다. 내 인생의 어두운 구석을 볼 수 있게 도와준 선지식들의 교훈 중 전부를 배웠을 때의 감동을 잊을 수 없다. 삶이라고 불리는 이 멋진 경험에 경외감을 느낀다. 그래서 나는 진심으로 다른 사람들보다 때때로 더 많은 감사를 느끼며, 지구 역사상 가장 행운인 이 시기에 내 인생을 연기할 기회가 있다는 것을 겸손한 마음으로 감사하게 여기고 있다.

감사는 사람들의 삶의 질에 매우 중요한 것이다. 내가 감사할 때, 나에게 올 수 있는 모든 좋은 것들을 위한 경로들이 활짝 열린다는 것을 알고 있다. 그 반대도 사실이다. 내 인생에 아무 일도 없다면 감사를 하고 있는지를 보여주는 지표만 확인하면 된다. 닫힌 마음은 모든 행복, 기쁨, 그리고 지복祉福의 근원이 되는 문을 닫게 만든다.

마치 "~가 이미 이루어진 것처럼 감사하라"의 상태로 지속해서 감사하고 있다. 감사하기 가장 어려울 때도, 감사한 것들이 이루어진 것처럼 감사한다. 자연스럽게 감사하는 감정이 올라오는 것을 느끼지 못할 때, 그 흐릿한 느낌에도 감사한다. 상황이 어려울 때도 감사 연습을 한다. 마치 감사한 것처럼 행동하는 것이 나의 습관이 되었다. 그리고 머지않아 나는 진짜 감사할 일이 생겨 감사하게 된다.

나는 차를 탈 때도 감사하는 모든 것에 맞춰 노래를 부르는 것이 재미있는 의식인 것을 알았다. 나는 간단한 것에서부터 무엇이 되었든 그냥 감사한다. 어떤 것이 무한정 주어지는 것처럼 뭐가 되었든 무조건 감사하며 감사 노래를 시작한다. 이 연습은 내가 특별히 감사할 기분이 아닌 상황이라면 특히 더 기분이 좋아진다. 곡조나 짧막한 노래는 꽤 창의적인 형태가 된다. 곧 나를 보고 웃고 있다는 것을 알게 되는데, 어쨌든 이런 방법들이 자신의 가장 소중한 친구인 '당신 자신'을 즐겁게 해주고 성장시켜 주는 가장 위대한 방법이다.

그 밖에 또 내가 하고 싶은 것은 '감사하다'라고 말로 표현하는 것이다. 그리고 나는 감사에 "예스!"라는 단어를 덧붙이고 싶다. 루이스 헤이가 그녀의 멋진 확언에서 이렇게 말한 것처럼, "나는 삶에 '예스!'라고 말하고, 삶도 나에게 '예스'라고 화답한다." 감사하면 뇌에 떠다니는 화학물질들이 삶에서 긍정적인 해답을 주는 상황을 가져올 것이다. 여러분의 몸과 그 안에서 나오는 에테르, 그리고 만나는 모든 사람과 우리가 손대는 모든 사물로부터 여러분에게 삶의 긍정과 감사가 다시 돌아와 감사의 에너지가 두 배가 될 것이다.

때때로 우리는 신의 형상과 같은 존재라는 사실과 창조주의 의도가 '지금 현재의 삶을 즐겨라!'라는 것임을 잊는다. 삶이 우리에게 주는 교훈은 그렇게 많은 고통 대신 기쁨으로 채워질 수 있고, 우리의 태도가 사랑스럽고, 감사를 느끼고, 감사하는 영적 가슴의 장소에서 나올 때, 마스터(영적 지도자)들과 천사들과 영적 안내자들은 우리를 더욱 잘 도와줄 수 있다. 우리가 그들의 도움을 요청할 때, 기꺼이 우리를 도와주는 이 행성에 존재하는 영적인 의식의 존재에 감사할 수 있다. 그때 우리는 삶이라는 여정에 결코 혼자가 아니라는 사실을 깨닫게 된다.

나는 삶의 작은 것들에 대해 더 감사할수록, 더 큰 것들이 예상치 못한 곳에서부터 나타나 감사의 힘을 발견한다. 나는 계속해서 나에게 다가오는 모든 삶의 경이로움과 함께 매일매일을 기대하고 있다.

그러니, 만약 당신의 삶이 지금 조화롭게 잘 흘러가지 않는다면 삶에 감사하는 태도가 더 필요하기 때문일 수도 있다. 확신을 갖고 이렇게 단언해보라. 더 감사하면 감사할수록 삶의 선물들이 나의 삶에 도착할 것이라고. 지금 이미 가진 것에 더 많이 감사하면 할수록 더 많은 좋은 것들이 들어올 것이다. 당신이 세상에 더 많이 주면, 더 많은 것을 받게 될 것이다.

삶이란 얼마나 놀라운 것인가! 정말 그렇다. 삶은 정말 놀랍다.

패티

리 캐럴

리 캐럴은 지구에 좋은 소식을 전하는 사랑으로 가득 찬 작품 모음집인 《카이런: 새로운 시작》 시리즈의 저자이다. 지구촌 곳곳의 형이상학 서점 매장에서 발견되는 이 책들은 우리가 다음 천년의 시대로 향하는 불확실성 속으로 나아가면서 새로운 희망의 원천이 되고 있다. 그는 《인디고 아이들》의 공동 저자이기도 하다.

나는 의사가 더 이상 가망이 없다고 말하는 소릴 들었다. 악화하는 내 몸에서 마지막 생명의 불씨가 남아있는 것을 떼어내려고 신이 손을 뻗는 것은 시간문제였다. 매일 나는 같은 침대에 누워 있었다. 내 옆의 벽을 바라보고 있는 것밖에는 달리 할 일이 없었다. 패티가 매일 오후 3시 무렵에 도착해서 나에게 책을 읽어주고, 손을 잡아주고, 이마를 닦아주고, 친절한 위로의 말을 전했다. 그녀는 오후 6시에 집으로 돌아갔다. 나는 그녀가 가도 괜찮은 척했고, 저녁을 먹는 것이 무의미했다. 음식 낭비인 것처럼 느껴졌다.

패티는 내가 죽어가고 있다는 것을 알았지만, 그녀의 눈에서는 희망이 반짝였다. 말할 때 활기가 있었다. 내가 가장 고통스러운 시간을 보내는 동안에도, 패티는 미소를 지으며 "이 모든 자기연민을 멈추세요. 진짜 자아를 만나기 위해 지금 기분 좋은 감정을 끌어올려 보세요."라고 말하고는 특별한 윙크를 보냈다. 이상하게도 매번 그랬다. 내 마지막 날을 걱정해주는 활기찬 사람이 내 앞에 있었을 때는 좋은 감정을 끌어내는 것이 어렵지 않았다. 하지만 그녀 말고 나를 위로하기 위해 온 사람들 앞에서는 두려움이 앞섰다. 그들은 방문할 때마다 어색한 침묵, 우울함, 슬픔 등을 자극했기 때문이다. 참을 수 없을 정도였다. 그러나 패티는 다른 방문자들과는 달랐다.

그녀는 훈련받은 간호사도 아니었다. 심지어 불치병 환자들을 돕기 위한 자격 수업을 듣는 특별한 노동자들도 아니었다. 패티는 그저 평범한 자원봉사자였지만, 매일 오후 나에게 책을 읽어주었다. 패티는 책을 좋아했고, 나는 그녀가 책을 읽어줄 때 눈하나 깜빡하지 않고 몇 시간 동안 그녀를 바라보던 것을 기억할수 있다. 그녀는 내가 듣기 좋아하는 모든 이야기를 멋진 표정으로 읽곤 했다. 때때로 그녀는 이야기를 더 잘 설명하기 위해 울거나 웃곤 했다. 가끔 그녀는 내가 아직도 그녀와 함께 있는지 혹은 내게 필요한 것이 있는지 확인하려고 고개를 들곤 했다. 나는 뭔가 더 필요한 적이 없었다. 그녀가 내 옆에 앉아 있는 것만으로 나의 고통과 두려움을 특별한 장소로 날려버리기에 충분했다.

아침 시간은 최악이었다. 나는 또 식사하는 것이 역겨울 정도였다. 왜 귀찮게 하는지. 때때로 내 몸은 역겨운 환영과 함께 수반되는 모든 고통 때문에 안에서 밖으로 먹히는 것처럼 느껴지곤 했다. 때때로 나는 미래의 일을 알고 있는 것으로부터 해방되기를 간청했다. 나는 누가 들어도 내가 운다는 것을 알 수 있도록 기도했다. 이 모든 수고로움과 간병비가 들어가는 것에 싫증이 났다는 것을…. 그럴 때마다 패티가 나타나면 모든 상황이 바뀌곤 했다. 우리는 임박한 나의 죽음에 대해 말한 적이 한 번도 없다. 그녀는 내가 금방이라도 침대에서 박차고 일어나 다음 트랙 경기를 뛸 것처럼 대해주었다. 나를 보러 집에 오는 거의 모든 사람의 눈에서 자주 보이는 동정심을 패티에게서는 결코 찾을 수 없었다. 나는 그녀의 아이들과 남편의 이름까지 알고 있었고, 심지어 언젠가 한 번 그녀의 가족 모두를 만날 수 있었다. 그들은 정말 가족처럼 느껴졌다! 그들 중 누구도 자신들이 죽어가는 사람 앞에 있다는 것을 전혀 개의치 않고 나를 대해줬다. 패티는 나중에 그 비밀을 내게 말해주었는데, 그때가 그녀가 자신의 영성이나 신과 관련된 어떤 것에 대해 언급한 유일한 때였다.

그녀는 모든 인간에겐 신이 준 길이 있다고 알려줬다. 어떻게든 여기에 있기로 영혼이 약속하고 동의한 곳에 있으며, 그 모든 것에는 어떤 이유에서인지 영광스러운 교훈이 있다고 했다. 나는 주위를 둘러보고 그녀를 바라보며 웃었다. 내 침대에 있는 소변 통과 반쯤 채워진 소변 주머니, 그리고 내 손목에 연결된 다양한 수액 줄을 보았다. 내 눈은 커졌다.

날이 갈수록 내 눈이 더 붉어졌고, 안색은 화장한 유골의 재처럼 변해갔다. 나는 수액 줄을 든 손으로 손짓하며 큰 소리로 말했다. "교훈이 있단 말이죠?" 우리는 서로 마주 보며 웃었지만, 그녀는 계속 말을 이어갔다. 패티와 그녀의 가족은 내가 이 행성에 태어난 이유가 지구를 위해 봉사하기 위해서였다고 했다. 내가 특별한 지구를 위해 특별한 삶을 선택했다는 것을 믿는다고 말했다. 그리고 어찌 되었든, 내 상황이 신의 사랑스러운 계획에 적합하다고 말했다. 나는 그녀의 말을 전혀 이해하지 못했지만, 어쨌든 위로가 되었다. 그녀가 떠난 지 몇 시간 후, 나는 그녀가 한 말에 대해 많은 생각을 했다.

피할 수 없는 일이 일어났고, 나는 가장 많이 자주 기도했던 요청에 주요한 답을 받았다. 나는 나의 천사 패티 앞에서 나를 데려가 달라고 간절히 신(아프기 전에는 절대 하지 못했을 말을 고백한 대상)에게 부탁했고, 그 소원을 이뤘다.

죽어가는 것은 생각보다 훨씬 쉬웠다. 내 심장이 멈췄을 때, 패티는《반지의 제왕》에서 내가 가장 좋아하는 부분을 읽으려던 참이었다. 무슨 일이 일어나고 있는지를 깨달았을 때 공포의 순간이 느껴졌고, 패티는 책 읽는 것을 멈추었다. 내가 그녀에게 정신적인 메시지 같은 것을 보냈지만, 그녀는 지금껏 나를 본 적이 없는 방식으로 쳐다보았다. 나는 그녀가 전에 이런 순간을 경험한 적이 있다는 것을 깨달았다. 그녀의 눈에서 희미한 앎의 빛이 "신의 품으로 평화롭게 가십시오."라고 말했다. 그녀는 내 가슴에 손을 얹었고, 우리는 침묵 속에서 서로를 바라보았고, 잠시 몇 초 동안 어둠이 자리를 잡았다.

엄청난 빛이었다. 나는 자유였다. 나는 고통에서 해방되는 것을 느꼈고, 방 전체의 모든 것을 보는 동안 내 몸이 위로 떠 오르기 시작했다. 나는 피곤하고 허약한 내 몸이 아직 패티의 손이 가슴에 얹어진 채 침대 위에 가만히 누워 있는 장면을 보았다. 그녀는 천천히 책을 덮고 침묵 속에 가만히 있었다. 그제야 그녀는 조금 울었지만, 그녀는 내가 고통의 몸에서 해방된 자유에 기쁨의 눈물을 흘렸다. 그리고 그녀의 얼굴은 내 삶에 대한 명예로 가득 채워진 것처럼 보였다. 나는 이 전체 광경을 다 보고 있었다.

내가 천천히 더 높이 떠 있을 때, 나는 그녀의 영적 세계의 상징인 날개를 보았고, 내가 세상을 떠나감으로서 지구를 영광스럽게 했던 것처럼, 그녀는 천사처럼 나를 돌보며 마찬가지로 지구에 영광스러운 일을 했다는 것을 깨달았다. 그녀의 몸은 문자 그대로 이생의 삶 역할을 충실히 해 낸 사람들처럼 빛나고 있었다. 마치 머리 위에서 무지개가 비추는 느낌이었다. 패티는 나에게 천사였다. 그녀는 정말 천사였다. 아니면 적어도 지구의 천사였다. 방이 희미해지면서, 나는 패티에게 내가 죽어가는 걸 견디어 준 그녀의 헌신과 노력에 감사한다고 말하지 못했다는 것이 생각났다. 그녀에 대한 나의 감사가 홍수처럼 밀려왔다. 하지만 아마도 이 말을 하기엔 너무 늦었을 것이다. 패티는 자신이 나를 어떻게 위로해 주었는지에 대한 나의 감사한 심정을 알고 있을까? 내 삶 전체를 통틀어서 나를 가장 많이 도와준 한 사람이 패티인 것에 대해 감사함을 전하지 못한다고 생각하니 감정이 북받쳤다. 그런 다음 나는 내 주위의 다른 사람들을 보았고 모든 것을 이해했다. 나는 이제 평화로워졌다. 그녀는 알고 있었다. 어떻게 그녀가 그 감사함을 알고 있는지 묻지 마시라. 그러나 그녀는 그 사실을 알았다. 그녀는 내가 이사할 때 그녀에게 얼마나 감사했는지 알고 있었다. 나는 그녀가 마치 실제로 나를 쳐다보는 것처럼 손을 올리고 고개를 드는 모습을 보았다. 그녀는 손을 흔들고 있는 걸까? 초현실적인 장면이 사라지기 시작했고, 새로운 환경이 형성되기 시작했다. 떠날 시간이었다.

패티는 죽은 내 몸 옆에 말없이 잠시 앉아 있었다. 자신의 손과 얼굴을 천장으로 향한 채, 그녀는 예전에도 이 자리에서 비슷

한 일을 했다. 패티는 인생의 본질이 자신의 친구를 침대 위에 남기고 떠났음을 느꼈고, 다음에 오는 것을 잠시 기다렸다. 패티는 천상의 사랑에 압도되었다. 방 안은 그녀가 한 일에 대해 많은 사람의 감사로 진동하는 따뜻한 안개가 낀 것처럼 짙은 느낌이었다.

이것이 바로 그녀가 슬퍼도 이 순간에 울지 않은 이유다. 어떻게 이런 영광스러운 행사에서 슬픔에 잠길 수 있을까? 그 상실에 대해 슬퍼하는 것은 나중 일이지만 일단 패티는 명예로운 자리에서 얼마 동안 앉아 자신이 도와준 사람들의 삶을 축하했다. 패티는 그녀를 위로하려고 모인 신의 금고에 있는 모든 천상 실체의 사랑과 감사를 느끼기 위해 혼자 있었다. 패티는 무슨 일이 일어나고 있는지 이해했고 감사의 선물을 받았을 때 침착했다.

기분이 상쾌해진 패티는 천천히 일어나 3일이 지난 시트로 친구의 머리를 부드럽게 덮었다. 그녀는 일어나서 병원 사무실로 걸어가기 시작했다. 그날 밤, 패티는 다음에 맡을 말기 환자 이름을 받았다. 그 환자는 패티와 함께 책을 읽을 사람이었다. 그 환자는 그런 것들에 책임이 있는 하늘의 존재로부터 감사의 사명과 놀라운 사랑의 에너지를 다시 받을 것이다. 패티는 자신이 겪은 일이 지구상의 어떤 인간이라도 신에게 가장 가까이 있을 수 있다는 것을 이해했다. 패티는 그 모든 것을 다시 할 기회를 얻게 되어 기뻤다.

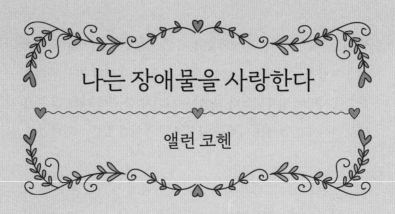

나는 장애물을 사랑한다

앨런 코헨

앨런 코헨은 고전을 포함하여 인기 있는 영감을 주는 여러 책의 저자이다. 《드래곤은 더 이상 여기에 살지 않는다》, 《나는 항상 그것을 가지고 있다》, 《삶의 깊은 숨결》을 포함하여 많은 베스트셀러를 출간했다. 그는 또 영성 시리즈 베스트셀러인 《영혼을 위한 닭고기 수프》의 성공에 크게 이바지한 작가다. 그의 칼럼 〈가슴으로부터〉는 수많은 신사고 운동 신문과 잡지에 실렸다. 앨런은 국제적으로 세미나를 개최하고 있고, 현재 하와이 마우이에 거주하며 영적 각성과 비전이 있는 삶에 대한 프로그램을 진행한다.

어느 토요일에 쇼핑몰에 있는 피자헛에서 식사하고 영화를 보고 난 후, 나는 열 살배기 대녀 사만다를 그녀 가족이 사는 곳으로 데려다주었다. 우리가 고속도로를 벗어나 그녀의 집으로 이어지는 먼지가 나는 비포장도로의 흙길로 접어들었을 때, 나는 그녀의 부모님이 허허벌판에 버려진 스쿨버스에서 살고 있는 것을 보고 가슴이 철렁 내려앉았다.

사만다가 가족들의 숙소를 안내해 주었을 때, 나는 너무 사랑스러운 이 어린 소녀가 그렇게 초라한 환경에서 지내고 있다는 사실에 슬퍼졌다. 금속 벽의 녹이 슨 솔기들, 금이 간 창문, 비가 새는 지붕을 고통스럽게 바라보면서, 나는 그녀의 가족이 기초생활 수급자의 삶을 살고 있다는 것을 알게 되었다. 나는 그녀를 그런 불모지의 곤경에서 구해내고 싶었다.

커다란 갈색 눈으로 나를 올려다보며 사만다는 "제 방을 보시겠어요?"라고 물었다.

"좋지." 나는 머뭇거리며 대답했다.

그 아이는 내 손을 잡고 버스 지붕 위에 나무로 겹쳐 덧댄 곳으로 이어지는 임시 계단으로 안내했다. 나는 그녀의 방이 버스의 다른 부분과 마찬가지로 지내기 힘든 곳임을 깨닫고는 몸에서 소름이 날 정도였다. 주위를 둘러보니, 그녀의 집에서 매력적인 요소 중 하나인, 벽처럼 쓰이는 방의 한 부분에 걸려있는 화려한 태피스트리(여러 가지 색실로 짠 벽걸이나 가리개 용도로 쓰는 직물)가 보였다.

"여기 사는 기분이 어떠니?" 나는 우울한 대답을 기대하면서 사만다에게 물었다.

하지만 사만다는 우울한 답 대신 밝은 표정으로 "나는 이 벽을 사랑해요."라고 낄낄거리며 웃었다.

깜짝 놀랐다. 사만다는 농담이 아니었다. 그녀는 실제로 이 화려한 벽을 즐기고 있었다. 아이는 지옥의 한가운데서 천국의 손길을 발견했고, 그녀는 이것을 집중하기 위해 선택한 것이다. 그녀는 행복했다.

나는 경외감을 느끼면서 차를 몰고 집으로 돌아왔다. 이 열 살배기 아이는 감사의 눈으로 자신의 삶을 바라보았고, 그것이 모든 것을 변화시켰다. 나는 내 인생에서 불평했던 모든 것을 다시 생각해 보기 시작했다. 나는 없는 것에만 몰두하면서 지금 여기 있는 것을 놓치고 있다는 것을 깨달았다. 녹슨 금속 벽에 초점을 맞추는 동안, 나는 몇 가지 화려한 태피스트리를 간과했던 것이다. 나는 사만다의 말을 명상할 때마다 읊조리는 만트라로 삼았다. "나는 내 벽(장애물들)을 사랑합니다."

감사는 우리에게 일어나는 일들의 결과가 아니다. 그것은 우리가 실천으로 길러낸 태도이다. 더 많이 감사할수록, 우리는 감사해야 할 것이 많다는 것을 알게 될 것이다. 사라라는 여자는 사고를 당한 후 병원 침대에 누워 깊은 우울증에 빠져, 한쪽 손의 작은 손가락을 제외하고는 몸의 어떤 부분도 움직일 수 없다는 이야기를 들었다. 우울함이 지나간 후, 사라는 자신에게 지금 없는 것에 대해 한탄하기보다는 이미 가지고 있는 것을 이용하기로 결심했다. 그녀는 움직일 수 있는 한 손가락을 축복하기 시작했고, 작은 손가락으로 "예", "아니오"로 소통하는 시스템을 개발했다. 사라는 그녀가 의사소통할 수 있다는 것에 감사하게 되었고, 좀 더 행복함을 느꼈다. 작은 손가락의 움직임을 축복하면서 유연성도 좋아졌다. 곧 사라는 손을 움직일 수 있게 되었고, 그다음에는 팔을 움직이고, 결국 몸 전체를 움직일 수 있게 되었다. 그 모든 시작은 그녀가 불평과 불만을 멈추고 축복으로 삶을 전환했기 때문이다.

하빌 핸드리스의 《당신이 원하는 사랑 얻기》는 관계에 대한 인기 있는 안내서다. 여러분이 원하는 사랑을 얻기 위한 단계는 여러분이 갖고 있는 사랑에 감사하는 것이다. 우주는 항상 여러분이 집중하고 있는 것을 더 많이 준다. "감사함을 느낀 자에게는 더 많은 것이 주어질 것이다. 반대로 감사하지 않는 자에게는 더 많은 것을 빼앗아 갈 것이다." 예수님은 매우 중요한 형이상학적 원리, 즉 풍요의 발현 열쇠를 설명하고 있다. 예수님은 부족하거나 원하지 않는 것보다 우리가 가지고 있거나 원하는 것에 집중하는 것의 중요성을 가르치고 있다.

모든 경험은 두 가지로 살펴볼 수 있다. 결핍의 눈 또는 풍요의 눈을 통해서 말이다. 두려움은 한계를 보지만, 사랑은 가능성을 본다. 각각의 태도는 당신이 어느 것에 먹이를 주느냐에 따라서 삶의 경험이 달라질 것이다. 모두 믿음의 시스템에 의해 정당화될 것이다. 당신이 충직하게 믿는 믿음을, 두려움에서 사랑으로 바꾸라. 사랑은 당신이 어디를 가든 당신을 지탱할 것이다. 《기적 수업》에서는 "사랑은 감사하는 심장과 감사하는 마음 뒤에 멀리 숨어 있을 수 없다. 감사하는 심장과 마음이 여러분의 진정한 자아로 귀향을 위한 진정한 조건이다."라고 말한다.

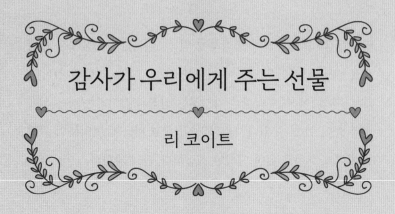

감사가 우리에게 주는 선물

리 코이트

리 코이트는 20년도 훨씬 전에, 그의 고통과 좌절에 대한 답을 찾기 시작했다. 그는 이 탐색에 1년을 바치기로 결심했고, 그 결과, 내면 지도 시스템을 발견했다. 그 이후로, 그는 모든 결정을 내리는 데 이 내적 목소리를 따랐다. 이 길은 평화롭고 행복한 삶으로 그를 이끌었으며 베스트셀러《듣고 받아들이는 것》을 내놓게 되었다. 미국과 유럽 전역에서 강연과 워크숍을 개최하고 10년 동안 그는 라스 브리자스 영성 수련 센터를 운영했다. 매일 바쁜 광고사에서 만족스럽고 행복한 영적 존재로 살고 있다. 그의 극적인 변화는 누구든지 더 나은 삶을 찾는 사람에게 희망을 준다.

우리는 감사를 '누군가의 친절에 대한 보답으로 주어지는 말이나 행동'이라고 생각한다. 정말 감사하지 않을 때도 항상 감사하다고 말하는 것은 감사 훈련 초창기에 실행할 부분이다. 감사는 우리에게 이익이 되는 모든 상황에 대한 자동 응답이 될 수 있다. 종종 감사는 우리에게 이득이 없을 때도 조건 없이 주어진다. 추수감사절과 마찬가지로 감사도 정형화되면 진정한 의미를 잃을 수 있다. "안녕하세요?"가 실제 질문이 아니라 인사말인 것처럼, "감사합니다"라는 말은 대인관계에서 상호작용을 끝내는 좋은 방법에 불과할 수 있다.

우리가 감사를 사용하면 어떤 이로움을 얻게 될까? 아주 오래된 영적 가르침에서는 "주는 것과 받는 것은 같다"라고 말한다. 만약 그렇다면, 우리는 감사를 통해 무엇을 받을 수 있을까? 무엇보다도, 감사는 회복탄력성을 지니고 있다. 나는 오래전에 나 자신에게 유감스러운 감정이 느껴질 때 나를 도왔던 사람들과 상황에 관해 감사하고 있다는 것을 알게 되었다. 다른 사람들에게 감사함을 느끼자 나의 행복지수가 높아졌다. 내가 감사받지 않는다고 느껴질 때마다 나는 최근에 일어난 놀라운 멋진 일들을 하나씩 떠올리며 감사 개수를 세어보니 기쁨이 다시 돌아왔다. 내가 이미 가지고 있는 것에 대해 감사하는 것은 상실이라는 감각을 놓아버리는데 유용한 방법이 되었다. 내가 받는 모든 사랑을 인식할 때마다 나는 재빨리 문제를 잊게 된다. 신성한 근원이나 친구들에게 감사하는지 안 하는지는 상관없다. 이 행위는 내가 받고 있다는 것을 자각하는 것이다. 그리고 내가 감사하는 것을 행동으로 표현할 때는 내가 바라는 기쁨의 상태가 된다.

감사에 대해 두 번째로 깨달은 것은 과거의 사람들과 사건들에 대해 감사하게 생각하면 현재 존재의 기쁨을 거꾸로 확장할 수 있다는 것이다. 항상 그렇게 감사를 전하는 것은 미소를 짓게 만든다. 내 아름다운 친구들과 함께했던 특별한 시간을 다정하게 떠올리면 심장 깊은 곳에서 기쁨이 차오른다.

나는 지난 몇 년간 과거에 감사함을 느낄수록 현재가 더 행복하다는 것을 알게 되었다. 기쁘고 감사하는 마음으로 가득 찬 상태에서는 유쾌한 기억을 떠올리기 쉽다. 하지만 나는 감사할 것에서 불쾌한 기억을 배제하지 않는다. 우리에게 상처를 줬다고 생각하는 사람들에게 감사하는 것이 더 힘들 수도 있지만, 과거를 치유하는 데는 매우 효과적이다. 나는 이것을 무조건적인 감사라고 부른다. '무조건적'이란 의미는 그들이 그럴 자격이 있건 없건 상관없이 모든 사람에게 감사하는 것을 의미한다.

　나에게 효과가 있는 것은, 각자의 좋은 점만 기억하고 다른 생각들은 잊어버리는 것이다. 나는 항상 내가 진심으로 감사하는 것들을 찾을 수 있다. 나는 적어도 이 사람들은 이제 내 인생에서 사라졌다는 생각으로 시작하기도 했다. 그다음 나는 그들이 어떻게 행동했어야 하는지에 대해 나의 바람과 계획을 버리고 그들이 가지고 있는 하나의 좋은 품성을 생각하려고 한다. 작은 일이라도 그 생각들에 집중하고 다른 기억들은 희미해지도록 내버려 둔다. 예를 들어, 나는 내가 이 사람과 점심을 먹을 때 항상 좋은 곳에 갔다는 생각으로 시작했다. 이 선택받는 사람에게 새롭고 긍정적인 자질을 추가하여 내 마음속에 감사함으로 저장한다. 그날 새 항목을 추가할 수 없으면 이전 항목으로 돌아간다. 이전 사람으로 돌아가서 이 사람이 싫거나 피하고 싶은 마음이 없을 때까지 이 일을 반복한다. 어느새 놀라운 일이 일어나기 시작한다.

처음에는 감사해야 할 작은 것 하나라도 애써서 겨우 찾아야 할지 모른다. 그러나 계속 노력하면 좋은 점들이 서서히 나타난다. 그것들은 내가 좋아하는 자질이 아닐 수도 있지만, 다른 사람이 좋아하는 자질일 수 있다. 내가 계속 좋은 자질을 찾는 동안에 내 과거의 다른 사람들도 내게 어떻게 혜택을 주었는지 알게 되었다. 그들이 나를 도우려는 의도가 아닐 수도 있지만, 나의 감사함은 그들이 나에게 진정한 영적 선물을 주었음을 확인할 수 있다. 과거 사람들은 현재의 나에게 영적 비전을 열어준다. 진정한 영적 선물이란 진정한 영적 본성에 대한 자각을 높이는 것이다. 만약 과거의 사람들이 당신을 인간적이거나 세속적인 방법으로 도왔다는 것을 깨닫지 못해도 상관없다. 그들이 우리가 인정하는 방식으로 결코, 변하지 않는 것처럼 보여도 괜찮다. 감정에 솔직해지는 것이 중요하다. 자신의 감정에 진실해야 한다. 상처를 닫아버리거나 모든 것이 괜찮은 척하지 않는 것이 중요하다.

영적인 선물이 무엇인지 알아보기 위해, 일이 어떻게 되길 원하는지에 대한 내 생각들을 꺼내 본다.

"어떻게 이 사람이 나의 영적 본성을 더 잘 인식하는 데 도움을 주었을까? 그들의 행동은 나의 영적 성장에 도움이 되는 특정한 방향으로 이끌어 주었을까? 아니면 밀쳐냈을까? 비록 그 행동이 나라는 인간과 육체적 존재에 해로운 것으로 여겨지더라도, 이 행동이 어떻게 나의 영적인 존재를 향상하고 지지해 주었을까?"라고 질문해 보는 것도 좋다. 알다시피, 이런 질문들은 어렵다. 이 질문은 다른 사람을 비난과 죄책감이라는 마음의 그물에 가두고 싶은 욕망일 수 있다. 이러한 상황에서 무조건적인 감사는 처음에는 우리가 싫어하는 사람들을 물러나게 하는 것처럼 느껴질 수도 있다. 나는 내 경험을 통해 그 악순환의 고리를 끊을 수 있는 것은 '우리 자신'이라는 것을 확신할 수 있다. 감사는 자매 격인 용서처럼 주는 자에게 자유를 준다. 감사는 우리가 스스로 묶어 놓은 감옥과 복수로부터 자유를 가져다준다. 과거의 잘못이라고 인식되는 것은 우리를 가두는 감옥과 같다. 무조건적인 감사는 이 감옥의 창살들을 녹인다. 증오는 우리를 자기 연민이라는 작은 독방에 가둘 뿐만 아니라, 우리 삶에 사랑을 주려는 사람들을 막는다. (증오는 분노에서부터 누군가를 피하고 싶은 순수해 보이는 욕망까지 모든 것을 포함한다. 가능한 한 우리의 감사함으로 풀려난 과거는 우리의 지금 모습을 자유롭게 해준다.)

마지막으로, 무조건적인 감사가 우리에게 주는 가장 놀라운 선물은 명확성과 비전이다. 무조건적인 감사를 하면서 나는 지금 여기 있는 모든 것이 나를 축복하기 위해 존재한다는 것을 알게 되었다. 어떻게 이런 일이 일어나는지 설명할 수는 없다. 그건 그냥 일어난다. 그러한 감사는 세속적인 사고 과정의 관점에서 보면 말도 안 되는 소리일 수 있다. 무조건 감사하는 실제 행동만이 선명하게 보이면서 명확하고 놀라운 결과를 가져온다. 나는 내 과거와 현재의 모든 사람에게 감사의 마음을 전하면서 나를 둘러싼 모든 것들이 실제로 조화를 이루고 있다는 것을 깨닫기 시작한다. 나는 해롭고 불공정하다고 판단한 것이 나의 잘못된 에고적인 해석, 내 인식에 근거한 잘못된 판단이었다는 것을 알아차리기 시작한다. 그 판단은 경계를 긋기 때문에 인식의 범위가 매우 제한적이다.

인간의 지각은 매우 강력해 보인다. 그 강렬한 지각은 제한된 자아 개념에서 비롯된다. 이러한 관점에서 우리는 제한적으로 연결되지 않은 존재(비 물질인 존재)를 통해 이 세상은 위험과 고통이 가득한 것처럼 바라본다. 이 인식에 따르길 거부하고, 영적으로 우리 삶에서 일어나는 일을 보고자 한다면, 이전과는 완전히 다른 관점을 얻을 것이다. 우리는 각자가 모두 연결되어 서로 돕고 있다는 것을 확인하게 될 것이다. 서로가 연결된 곳에서 영적인 춤을 추고 있음을 보게 될 것이다. 당신은 그 춤의 뜻을 알아내려 하지 말고 그저 그 춤이 당신 앞에 스스로 드러나도록 내버려 두고 리듬에 맞춰 몸을 움직이는 것이 중요하다. 무조건적인 감사는 상황을 통제하기보다는 스트레스와 고통으로부터 당신을 자유롭게 한다. 무조건적인 감사는 당신의 좌절감을 자연스럽게 원래 자신의 것인 평화, 기쁨, 행복으로 바꾼다.

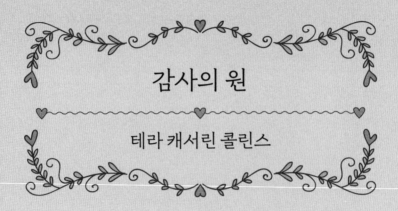

감사의 원

테라 캐서린 콜린스

테라 캐서린 콜린스는 샌디에이고에서 중국의 공간 배치 예술인 풍수를 실습하고 가르치고 교육한다. 그녀는 사람들에게 '풍수의 눈'을 통해 보는 방법을 전문적으로 가르치면서 최적의 조화와 편안함과 균형 있는 삶을 향한 비전을 열어준다. 테라는《풍수에 대한 서구적인 가이드: 당신이 사는 환경에서 균형, 조화, 번영을 이루는 방법》의 저자다.

다른 사람들을 보면서 감사를 표현하는 방법을 배웠다. 처음에는 잘하지 못했다. 감사를 표현하는 것을 종종 잊어버리거나 감사할 기분이 아니었기 때문이다. 게다가, 내가 감사를 표현하면 사람들이 고마워하지 않을 것으로 생각했다. 그런데 내 생각과 달리, 감사를 받을 것을 기대하지 않았는데 내가 감사하면 사람들은 선물을 받는 것 같은 기분을 느꼈다. 그러나 감사를 표현하는 일은 내 기분이 딱 맞을 때만 했다. 그때 나는 진심으로 감사하는 마음으로 누군가를 행복하게 해 줬다. 마법 같은 일이 항상 일어났다. 기쁨이 급증해 내 몸을 감싸고 자석과 같이 다른 사람들과 나를 이어줬다. 나는 더 자주 감사를 전해야 한다고 마음속에 기억하기 시작했다.

나는 사람들이 어떻게 느끼는지 확인하기 위해, 감사를 다양한 방법으로 표현하려고 시도하는 것을 좋아한다. "감사합니다. 고맙습니다"라는 말로 사람들을 놀라게 하는 일은 재밌다. "고맙습니다"라고 말하면 그들의 얼굴은 항상 밝게 빛난다. 우리는 웃으며 잠시 손을 잡는다. 감사는 내 인생 전체에 장밋빛을 발산한다. 내가 삶의 모든 것에서 더 많이 감사하면 할수록, 감사할 게 더 많다는 걸 발견하게 된다. "내 부족"과 가족, 친구들 같은 큰 것들에 대해서 감사할 수도 있고, 현재의 좋은 건강, 멋진 직업처럼 개인적인 것에 대해서 감사할 수도 있다. 그리고 아주 작고 사소한 것, 예를 들어 싱싱한 꽃꽂이나 오렌지가 잔뜩 든 바구니, 난롯가의 모닥불에도 감사할 수 있다. 감사할 것에 주의를 기울이면 감사함의 감정이 더 커진다.

이렇게 감사의 감정이 커지는 것은 오늘 내 식탁에 오른 음식에 감사를 전해서일까? 나는 감사의 마음을 지역 사회, 공동체, 그리고 먹을 것이 풍부한 이 세상까지 뻗친다. 그 감사의 감정이 더욱 고조되는 이유가 내가 지금 이웃들의 평화에 관해서도 감사하기 때문일까? 아니면, 내가 사는 지구의 평화에 관해서도 감사할 기회를 가져서일까?

나는 모든 질문에 다 "그렇다!"라고 말할 것이다. 감사의 원은 매일 더 커진다. 하나의 감사한 생각에 머무르면, 더 많은 감사의 원이 자라나서 감사의 에너지가 우주로 퍼진다.

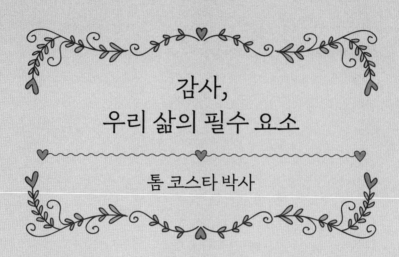

감사,
우리 삶의 필수 요소

톰 코스타 박사

톰 코스타 박사는 캘리포니아 팜 데저트에 있는 사막의 종교 과학 교회 설립자이다. 현재 국제 종교 과학의 이사회 소속이며, 대중 연설가로서의 인기로 미국, 캐나다, 영국 전역에서 강연 및 세미나뿐만 아니라 다수의 TV 프로그램에 출연하고 있다. 저서로는《인생! 그것으로 뭘 만들고 싶니?》가 있다.

나는 감사하는 태도를 70년 이상 지속해 왔다. 감사하는 영적 특권에 대한 시험이 시작된 것은 1974년 내가 처음 목사가 되었을 때였다. 나는 매우 불행한 한 남자를 상담하고 있었다. 그는 건강하고 매일 테니스를 치며 재정적으로 성공한, 자신의 일을 사랑하는 사람이었다. 나는 그와 그의 헌신적인 아내를 위해 결혼식 주례를 서기도 했다. 그는 이전 결혼생활에서도 사랑하는 가족이 있었다. 비록 그의 삶에 건강, 부, 사랑, 그리고 일의 모든 영역이 충족된 것처럼 보였지만, 그는 여전히 불행했다.

신임 목사로서, 나는 좌절했다. 내가 무엇을 기도할 수 있을까? 그가 우울증을 극복하도록 내가 도울 수 있을까? 우리가 상담을 계속하면서 한 가지 문제는 이 남성이 감사가 부족하다는 것이었다. 그는 결코 그의 건강, 재산, 아이들, 집, 그리고 자신의 삶에 감사하지 않았다. 그는 모든 것을 당연하게 여겼다. 이것이 우리의 삶을 알아내는데 영감을 주었다. 나는 모호하지만, 중요한 감사의 가치에 대해 더 많이 연구하게 되었다. 수년 전 내가 알코올 중독자 익명 프로그램의 다섯 번째 단계에 참여하고 있을 때를 얼마나 잘 기억하는지를 보면 알 수 있다. 다섯 번째 단계는 아마도 성직자 중 한 명이었던 누군가가 알코올 중독을 인정할 때까지의 알코올 중독자 익명 모임AA에서 자신의 중독된 삶에 대한 설명을 듣는 단계이다. 한 젊은 여성이 나에게 말했다. "당신은 감사함과 불행함을 동시에 겪을 수 없습니다."

나는 아마도 그 당시 그녀보다 40살 정도 나이가 더 많았지만, 정신적으로 충격을 받았다. 나는 예전에는 그런 "현명한 답"을 들어본 적이 없었다. 그녀의 말은 모두 맞았다. 그 이후로 나는 그 생각을 사역 수업이나 세미나 때 혹은 일상생활에서 사용했다. "당신은 감사함과 불행함을 동시에 경험할 수 없습니다." 실제 감정적으로 둘 다 동시에 겪는 것은 불가능하다. 이 개념에 대해서 생각할 때 나는 묵주를 사용하던 가톨릭 신자인 양육 환경에 대해서 불꽃이 비추듯 생각을 해봤다. 지금에 와서는 나는 그 묵주를 감사의 묵주라고 부른다. 나는 묵주에 있는 구슬 하나하나를 아침 기도나 명상 때 세어가면서 내가 축복받은 것들에 대해 세어봤다. 남들의 축복을 바라는 기도가 아니라 내가 받는 축복 말이다.

내 인생에서 감사는 11월 셋째 주 목요일에만 한정하지 않고 매일 지속된다. 이 감사의 시간은 내가 매일 루틴으로 실행하는 것이다. 나는 셀 수 있을 만큼 많은 축복의 구슬들을 세고 있다. 나를 도와준 사람들을 대표하는 구슬들, 나를 도와주지 않는 사람들을 대표하는 구슬들(이것이 내 삶의 모든 영역에서 나를 더 강하게 만들었기 때문이다.), 가깝고 친한 친구들, 우리 가족을 상징하는 구슬들이 있다. 나의 건강, 나의 몸, 나의 신체적 감각, 내가 소중히 여기고 즐거운 내 집을 나타내는 구슬들, 나는 매일 무조건적인 사랑을 가르쳐주는 나의 애완동물들에게 감사한다. 나는 생각, 태도, 길을 선택할 수 있는 내 능력에 감사한다.

매일 잠시 시간을 내서 당신 자신에 대한 모든 것에 감사하자. 그리고 당신 자신의 존재가 아닌 모든 것에 대해서도 감사하자. 지금 가지고 있는 것에 대해서도 감사하고 가지고 있지 않은 것에 대해서도 감사하라.

기억하라. 감사하고 불행한 감정을 동시에 지닐 수 없다는 사실을. 감사를 하면 불행할 수 없다는 것을…….

감사의 말

슈리 다야 마타

슈리 다야 마타는 영성 고전인 《요가난다》를 집필한 파라마한사 요가난다의 초창기 가장 가까운 제자 중 한 명이다. 그녀는 인도의 고대 과학인 요가와 그 오랜 전통에 대한 요가난다의 보편적인 가르침을 전파하기 위해 1920년 설립된 국제 비영리 종교 단체인 〈자아실현 단체〉의 회장으로 지난 40년간 일했다. 1931년 요가난다를 만난 직후, 슈리 다야 마타는 수도원의 자아실현 종파의 수녀가 되었으며, 요가난다는 개인적으로 정신적, 인도적 사업을 위해 슈리 다야 마타를 20년 이상 준비시켰다. 최근 세계적인 종교 운동의 정신적 지도자로 임명된 최초의 여성 중 한 명인 슈리 다야 마타는 여러 차례 전세계 연설 투어를 했으며 《오직 사랑》과 《당신 안에 기쁨을 찾기》 문집의 저자이기도 하다.

감사는 사랑의 본질적인 측면이기에 우리의 행복에 무한히 이바지할 수 있는 자질이다. 사실, 감사는 모든 사랑의 궁극적인 근원에 우리를 더 가깝게 다가가게 만든다.

내가 평생 파라마한사 요가난다의 곁에 있을 수 있는 특권을 누렸던 해를 돌아보면, 그가 얼마나 자주 우리에게 삶의 모든 선에 감사하는 것을 강조했는지를 알 수 있다. 그는 아주 작고 사소한 것도 당연시하지 않는 감사 습관을 기르도록 격려했다. 우리가 크고 작은 축복에 대해 신께 감사를 드릴수록, 더 깊고 무한하게 신의 원천과 하나가 된다. 그리고 신이 우리의 감사를 알아차리니, 신이 사랑으로 반응한다는 것을 더 깊이 알게 될 것이다. 그리고 정신적, 물질적 축복의 풍부함 뒤에 감춰진, 주는 자(신)에 대해 감사하게 될 때, 신성한 풍요의 법칙 또한 더 완전히 우리의 삶에서 작동한다는 것도 알 수 있다. 감사하는 마음으로 주는 자(신)를 바라보며 매 순간, 경험마다 좋은 것(선)을 인정하는 것은 너무나도 보람된 일이다.

그렇다면, 우리는 어떻게 그러한 감사의 마음을 기를 수 있을까? 한 가지 방법은 우리가 진정으로 감사하다고 느끼는 삶의 상황에 대해 생각해 보는 것이다. 그것은 아주 중요한 경험일 필요는 없다. 우리에게 좋은 것이 주어졌다는 삶의 힌트, 아마도 누구나 사람들로부터 친절한 미소 정도는 받았을 것이다. 그렇게 마음을 따뜻하게 하는 웃음 정도로도 충분하다. 그러한 감사 경험을 기억하는 것은 감사의 정신을 기르는 데 도움이 된다.

어떤 좋은 일이 생길 때마다, 마음 속으로 "신이시여 감사합니다.", 또는 "하나님, 부처님 감사합니다."라고 단순히 반복해보라. 좋은 일을 계속 생각하는 것은 선을 확장하는 것이니, 이 간단한 실천으로 삶의 많은 영역에서 좋은 경험을 할 수 있다. 우리의 마음속에 살아있는 것은 곧 우리의 외적 행동에 반영된다. 그러므로 깊은 감사의 마음은 우리의 삶과 우리가 교제하는 사람들의 삶을 영광스럽게 해준다.

때로 감사가 가장 위대한 이유는 우리가 마주하는 역경에도 숨어 있다. 좋은 일이 생길 때도 감사하지만 삶의 큰 역경이 찾아왔을 때, 그것을 이겨내는 데도 감사가 큰 도움이 된다. 왜냐하면 역경이 우리를 더 강하게 하고, 타인을 공감할 수 있는 인간으로 만드는 데 도움을 주기 때문이다. 불행 속에서도 신께 감사를 드리는 개념은 동서양의 경전에서 흔히 언급되는 아주 아름다운 가치다. 그 이상으로 감사는 우리가 일상에서 채택할 수 있는 가장 진실한 관점을 나타낸다. 이 삶의 최고 기쁨과 세세한 즐거움도 모두 다 지나가고 사라지기 마련이다. 그러나 신은 우리의 영원한 안녕을 기원하는 분이며, 기쁨이든 슬픔이든 간에 우리가 속삭이는 감사의 말로 신께 의지할 때 우리는 지상적 존재의 요동치는 마음을 초월할 것이다. 감사가 훈련되면, 우리의 삶이 영원히 지속될 때 사랑의 닻이 내리기 시작할 것이다.

감사는 인식

에이미 E. 딘

에이미 E. 딘은 작가이자 자존감 코치이며, 가족 관계 및 역기능적인 과거로부터의 회복을 주제로 강연하는 유명 강사다. 그녀는《꿈, 인생 목표, 그리고 인생의 도전에 직면하기》,《우울증, 슬픔, "정체기"를 극복하기 위한 매일의 명상》등 여러 권의 책을 저술했다. 현재 매사추세츠주 메이너드에 살고 있다.

매일 강력하고 영감을 주는 설교로 유명한 영적 스승의 이야기가 있다. 그 스승은 강력한 설교를 하기 위해 메시지를 준비하는 시간이 희망, 사랑, 용서, 기쁨이란 신의 현시임을 느꼈다. 어느 날 아침, 그날의 설교를 전하는 연단에 서기 전에 스승은 신의 현시에 대한 메시지에 집중하면서 그것이 최고의 설교가 되리라는 것을 알았다. 스승은 설교를 위해 희망과 평화의 말씀을 쓰고 또 고쳐 쓰며 많은 사람이 그 지혜에 감동할 것이라고 확신했다. 스승은 미소를 지으며 일어나 그날의 메시지를 위해 함께 모인 사람들을 마주했다.

그 순간, 작은 새 한 마리가 날아와서 창틀에 앉았다. 그 새는 충만한 기쁨으로 노래하기 시작했다. 몇 분 동안 그러더니 멈추고 날아갔다. 스승은 잠시 침묵하다가 준비된 설교의 페이지를 접었다. "오늘 아침의 설교는 이것으로 끝났습니다."

이 이야기는 감사가 무엇을 의미하는지 보여주는 좋은 사례다. 감사란 자신이 추구하거나 예상되는 것이 아닌 순간의 동시성을 완전히 경험하고 끌어안는 것이다. 그런데 당신은 얼마나 자주 그러한 일이 일어나는 것을 허용하는가? 정신 나간 듯 바쁘게 살고 있지는 않은가? 가야 할 곳과 만나 볼 사람들에 대한 과도한 집착과 매일 해결해야 할 문제의 연속으로 우리를 둘러싼 주변 세상이 경이로움으로 가득 차 있다는 사실을 잊게 된다.

매일 나는 감사가 알아차림이라는 것을 스스로 상기한다. 나의 하루는 어두운 거리에서 새벽 달리기로 시작한다. 나의 집중력은 희미하게 불이 켜진 길에 발목이 삐지 않도록 바짝 주의를 기울이는 것에서부터 발동한다. 그리고 하루를 어떻게 마무리할지 계획하는 것까지 여러 방향으로 의식이 확장된다. 감사함을 알기 전까지 나는 밤하늘에 떠 있는 밝은 별들과 계속 위치가 변하는 달을 보려고 달리지 않았다. 하늘이 거기에 있다는 것을 미처 알아차리지 못한 것이다. 하지만 어느 날 나는 우연히 고개를 들었고, 그 순간 별똥별이 순식간에 지나가는 것을 봤다. 이 순간 나에게 온 충격은 효과 만점이었다. 나는 웃었다. 그리고 다시 달리는 속도를 올렸다. 주위를 돌아보니 다른 아름다움이 눈에 띄었다. 하늘의 쪽빛 배경에 선보이는 나무의 실루엣, 도로변 개울을 따라 달리는 동안 들리는 물소리, 가로등의 광선에서 나오는 바위에 비친 운모(화강암 육각 판 모양의 얇은 조각) 칩들이 반짝였다. 하루 종일, 나는 내가 본 별똥별에 대해 친구들에게 말했다. 그리고 다음 날 아침, 나는 집을 나서면서 때때로 내 주변과 머리 위 하늘을 보기 위해 집중하면서 달리기 시작했다.

그 후로 나는 별똥별을 두 개 더 보았다. 부엉이의 비명도 들었고, 부드러운 바람에 밀려난 구름도 보았다. 그런 감각적인 경험들이 내 안을 느끼게 만드는 방식은 앨리스 워커가 《컬러 퍼플》에 쓴 글을 생각나게 한다. 소설 속 주인공은 일기에 이렇게 적고 있다: "나는 너무 바빴어요!……. 나는 신이 만들어 낸 아무것도 알아차릴 수 없었어요. 옥수수 잎도 못 알아봤고(어떻게 만들었을까요?), 보라색(색이 어디에서 왔을까요?)도 못 알아차렸고, 작은 야생화도, 아무것도 그곳에 있다는 것을 알아차릴 수 없었어요."

얼마나 자주 당신은 삶의 자연스러운 경이로움에 감탄하는가. 매일 자연의 경이로움, 즉 폭풍이 지나간 후의 무지개, 새 모이통 주변에서 장난치기, 혹은 보름달의 은빛 광채와 같은 놀라운 풍광들에 감동하는가. 감사는 지금 자신의 속도를 줄이고, 자신의 주변에 있는 감각들에 마음의 문을 여는 것을 뜻한다. 그런 알아차림을 자신이 느낄 수 있다는 것과 삶의 다음 순간에 어떻게 살아갈 것인가에 대한 알아차림이다.

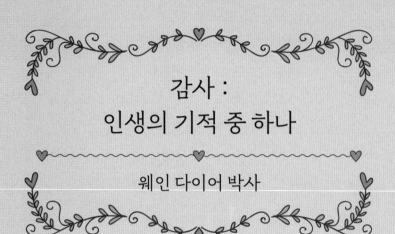

감사 :
인생의 기적 중 하나

웨인 다이어 박사

웨인 다이어 박사는 세계적으로 널리 읽히는 유명 자기계발서 작가 중 한 명이다. 저자는《진짜 기적》,《당신의 잘못된 영역》, 《길 위에서 머무르는 것》,《약속은 약속》,《일상의 지혜와 의도의 힘》등 수많은 베스트셀러를 썼다. 지금까지 5,000개 이상의 TV, 라디오 프로그램에 출연했다. 이 감사 에세이는 하퍼콜린스에서 출판된《당신의 신성한 자아》의 내용을 각색한 것이다.

당신의 삶에서 일어난 기적에 감사를 표현하는 것은 삶을 매 순간 특별한 경험으로 만드는 최상의 방법이다. 매일 삶을 살아가면서 사적으로 하나님과 대화하라. 하나님에게 중요한 순간에 관해서도 이야기하라. 하나님과의 대화는 무엇인가 특별한 것을 요청하는 것이라기보다는 당신 내면의 힘을 더 나은 방향으로 문제를 해결하는 데 기꺼이 사용하겠다는 의미다. 문제 해결을 위한 내면의 지혜를 하나님께 요청하라. 그리고 도움을 주시는 것에 대해 감사하라.

당신이 신성한 안내에 접속할 수 있다는 사실을 아는 것은 주일에 가서 예배를 드리는 것보다 더 많은 것을 얻는 것이다. 이러한 앎이란 내면에서 나오는 것이기 때문에 결코 의심하거나 흔들릴 수 없다. 왜냐하면 이런 순간들이 당신의 인생을 어떻게 이끄는지 해석해 줄 것이기 때문이다.

항상 당신에게 신성의 현존이 흐르고 있다는 것을 알아차릴 때, 당신 주변에 있는 아름다움에 감동하고 감사하는 시간을 더 많이 갖게 될 것이다. 새에 대해 명상하거나 꽃, 일몰, 아이를 업고 있는 엄마, 통학버스에서 내리는 아이들, 꼬부랑 할아버지를 볼 때마다 가슴을 열고 그들을 진심으로 축복하라. 당신의 사랑이 그들에게 전해지도록 마음을 열어 그들의 가슴에 접속하면 그들의 사랑이 느껴질 것이다. 주변 환경에서 사랑받는 것을 더 연습하면 할수록, 활력이 넘치게 될 것이다.

모든 사물과 사람들에게는 각각의 에너지가 있다. 이 보이지 않는 에너지를 받는 방법은 실제적인 아름다움에 대한 감동과 우주의 경이로움을 통해서다.

연습을 계속하다 보면 아름다운 것을 발견하고 감사하며 감동할 줄 아는 간단한 행동을 통해 이 세상에 사랑을 보낼 수 있을 것이다. 한 번 해보자!

주변 세상에 감사하는 또 다른 긍정적인 효과로는 주는 능력이 늘어난다는 것이다. 심장에 감사하는 마음이 가득하면, 다른 사람들도 감사를 실천할 수 있도록 타인에게 무언가 자꾸 주고 싶고, 기여하고 싶어 하는 새로운 의지가 생긴다. 무엇을 바라거나 알아주기를 바라는 인정의 욕구가 아닌 타인이 원하는 것이나 필요한 것들을 얻는 데 기여하고 싶어 하는 자신을 발견할 것이다.

그러나 주는 것과 희생하는 것의 차이를 구분하는 것이 중요하다. 희생은 무언가를 얻기 위해서 하는 행위다. 당신이 희생하고 있다는 생각이 들면, 상대방으로부터 무언가를 되돌려 받기 위하여 그 행동을 하게 된다. 뭔가를 줌으로써 자신은 아주 중요한 사람이기 때문에 뭔가를 되돌려 받을 자격이 된다고 믿게 하는 에고의 상태가 되는 것이다. 에고는 항상 당신을 부추겨서 주는 것이 당신의 우월함을 나타내는 것이라고 믿게 만든다. 마치 당신의 관대함이 다른사람들과 차별되는 것처럼 말이다.

만일 당신이 다른 사람들에게 의무적으로 준다고 생각한다면 상위 자아의 뜻에 진정으로 부합되지 않는다. 그런 마음에는 역시 에고가 개입된다. 받는 사람보다 당신이 월등히 우월하다고 에고가 부추기니 다른 사람들이 당신에게 감사해야 한다고 말하는 에고의 속삭임에 넘어가는 것이다.

그러나 주는 것은 인내를 기르는 수단으로 당신의 신성한 자아의 사랑을 통해서 하는 것과는 다르다. 진정한 의미에서 주는 것의 감각을 알아차리게 되면 당신은 진정으로 감사의 선물을 느끼게 될 것이다. 당신에게 주어진 기쁨과 축복으로서의 감사함으로 주는 행위는, 주는 것이 곧 받는 것이라는 개념과 받는 것이 주는 것, 둘 다 모두 훌륭하다는 개념을 경험하게 해준다. 타인의 요구를 깊이 헤아리는 경험은 우리가 알 수 있는 가장 최상의 행복이다. 형제와 부모님이나 조부모님께 선물을 드렸을 때 얼마나 기뻤는지 기억해 보라. 그들의 행복을 위해 느꼈을 감사의 감동은 선물을 받았을 때보다 오히려 더 기뻤을 수도 있다. 왜냐고? 당신이 주었을 때 실은 받고 있었기 때문이다.

당신도 알다시피, 감사를 느끼게 하고 조건 없이 주는 자아는 당신 안에 있는 신성한 존재이다. 보상을 바라는 대상은 당신의 에고다. 에고는 당신 안에 있는 사랑이라는 현존에서 분리해야만 계속해서 자기에게 에너지를 줄 것임을 알기에 그렇게 하는 것이다. 당신의 더 높은 자아에 대한 사랑과 관용을 당신이 잘 알고 있다는 것을 에고에게 알리도록 하라. 그러면, 자동으로 당신 외부의 삶에서도 같은 방식으로 기능하기 시작할 것이다.

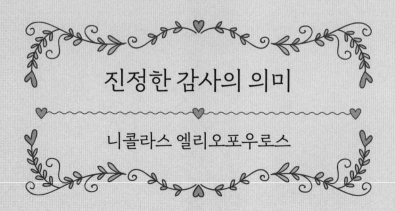

진정한 감사의 의미

니콜라스 엘리오포우로스

니콜라스 엘리오포우로스는 에미상을 수상한 제작자, 감독, 영화 편집자, 음향 편집자이고, 영화사 〈어스라이트 화이트록 엔터테인먼트〉의 설립자다. 니콜라스는 루이스 헤이, 테드 댄슨, 데니스 위버가 등장하는 〈새로운 세계의 비전〉, TV 특집 〈러시아 투데이〉, 〈사람들의 여행〉 등 수많은 프로그램을 감독하면서 러시아에서 1년 이상을 보냈다. 그는 또한 〈폴리 플레이〉, 〈나인 투 파이브〉, 〈아웃 오브 아프리카〉를 포함하여, 수많은 장편 영화들을 작업했다. 로스앤젤레스에서 거주하고 있으며 영화와 TV 아카데미 회원이다.

나는 대체로 감사하는 마음으로 지금까지 살아왔다. 지난 몇 년 동안 더 크고 더 풍부한 의미의 감사 개념을 알게 되기 전까지는 대부분 소소한 일상에 감사하며 살았다. 나는 많은 사람이 "행복한 인생"이라고 부르는 삶을 살아왔다. 좋은 교육을 받을 수 있는 행복한 가정환경에서 자랐으며 직업적으로도 성공을 거두었다. 하지만 아직 원하고 갈망하는 꿈을 모두 이루지는 못했다. 대부분의 사람처럼 "삶"이라고 불리는 이 경이로운 요소의 고통과 아픔을 가슴으로 느끼며 함께할 사랑스러운 친구들이 많이 있다. 그들과 기쁘고 신나는 경험을 하고 있다. 감사할 일은 많지만, 어느 날 내가 몰랐던 진짜 감사함이 있다는 것을 알게 되었다.

"모든 생명의 위대한 힘"을 보기 시작했을 때, 내게 감사의 의미는 신에 대한 가르침을 받았던 인식을 넘어 더 크게 바뀌었다. 한 친구는 그 힘을 신, 여신, 그 모든 것이 포함된 것이라고 말했다. 그때까지만 해도, 그 여성 신의 개념은 어릴 적에 배워서 친숙한 그리스 신화의 "여신님"이었다. 내 친구는 하나님과 함께 그 여성적인 힘이 모든 물질, 즉 물리적 우주의 "탄생"을 안겨주었다고 말하고 있었다. 신/여신/그 모든 것의 개념(모두 "하나의" 힘)을 받아들이고 직접 살펴본 후에 비로소 진정한 감사에 대한 나의 개념은 상당히 확장되었다. 나는 이 연구를 통해서 여신의 여성적인 원리가 가장 먼저 신을 창조하거나 세상에 내놓았으며, 그들이 함께 이 세상 모든 것을 창조했음을 깨달았다.

나는 이것이 우월적이고 전통적인 신에 대한 종교적 관점에 들어맞지 않는다는 것을 안다. 대부분의 세계 종교들은 여신의 에너지를 전혀 인정하지 않는다. 그리고 만일 그렇다고 하더라도, 그 형태가 어떻든 분명히 신 그 자체를 뒤쫓아왔다. 여신이 "생명 그 자체"를 신에게 주었다"라는 생각에 대해 나는 어디에서도 전혀 그것을 들어본 적이 없다. 그의 생각이 맞았든 틀렸든 간에, 그저 생각해 본 결과는 갑자기 진정한 감사가 어떠해야 하는지에 대한 완전히 새로운 깨달음을 주었다. 처음으로 나는 신의 창조물에 대해 내가 믿는 것을 확인했다. 신은 여신도 만들었기에 여신이 있다는 데 대해서도 감사하는 태도를 가지고 있다.

나는 신에 대한 사랑과 감사를 생각했고, 나 자신을 위해 사랑과 감사가 주어지는 것을 느꼈고, 나는 신이 느끼는 감사와 사랑의 엄청난 능력을 몸소 체험했다. 나는 "삶 그 자체"가 선물인 것을 진정으로 깨달았다. 나의 삶은 선물이었고, 지금도 그렇다. 이 깨달음으로부터 쏟아진 거대한 감사는 엄청났다. 나는 만약 내가 신이 그 자신 삶의 선물에 대해 가졌던 것과 같은 감사를 어떻게든 느낄 수 있다면, 나의 모든 것, 내가 한 모든 것, 내가 만진 모든 것이 새롭고, 의미가 있을 것으로 생각했다.

어떤 사람들은 내가 대학교 때 신에 대해서 이야기하는 것을 냉소적으로 받아들였다. 그들은 "신은 죽었다"라거나, "신은 존재하지 않는다"라고 말하곤 했다. 나는 항상 신에 관한 이야기가 본인들의 이야기로 이어져 있다고 느꼈다. 그 이야기들은 그들의 내면에 무언가 비물질적인 존재가 존재하지 않았다는 것을 알게 해주었다. 신이 없다고 하는 사람들은 그 진실을 알고 있었다.

내가 가장 좋아하는 작가 아인 랜드는 《아틀라스》를 썼다. 이 책으로 종종 그녀는 무신론자로 비판받기도 했다. 나는 TV에서 그녀를 본 적이 있는데, 이렇게 자신의 생각을 말했다. "아니요, 저는 무신론자가 아닙니다. 저는 결코, 죽지 않을 겁니다. 제가 세상을 떠났을 때, 그 세상은 끝날 것입니다. 그것은 아름다운 세상입니다." 그녀는 계속해서 설명했다. 오히려, 저는 신이라는 단어를 사랑합니다. 왜냐하면 그것은 '높은 곳 중의 가장 높은 곳'

을 의미하기 때문입니다. "신의 축복이 있기를!"이라는 구절은 정말 멋집니다.

나의 소중한 친구 라자리스는 "인생은 선물이고 우리의 일은 그 선물을 받는 것을 배우는 것이다"라고 말했다. 나에게 인생은 선물이고, 감사는 선물을 끌어당기는 자석이다. 내가 친구의 허락을 받았기에 나는 라자리스가 표현한 것으로 내 생각을 여기서 마무리하고 싶다.

"감사는 유형의 힘입니다. 만약 당신이 감사함을 더 잘 느낄 수 있다면, 더 많은 감사한 일이 일어나서 감사할 이유를 찾게 될 것입니다. 감사는 기적적인 힘입니다. 마치 신비로운 비물질의 힘이 자석처럼 기적을 끌어당깁니다. 그 자석은 신비한 힘을 낳고 또다시 이미 받는 것보다 더 많은 것을 끌어당기는 마법과 같은 신비로운 힘입니다. 그것은 마치 살아있는 에너지와 같고, 당신이 이미 경험한 것보다 더 많은 것이 될 수 있는 길을 열어줍니다."

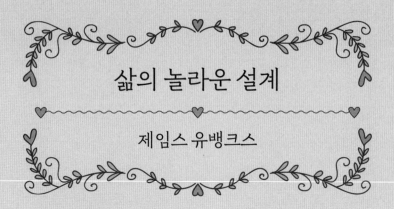

삶의 놀라운 설계

제임스 유뱅크스

제임스 유뱅스크스는 성공한 작가이자 전국적으로 활동하는 칼럼니스트이며, 샌디에이고에서 전문적으로 상담하는 점성가이기도 하다. 앨리바마 주 버밍엄에서 자란 제임스는 뉴올리언스에 있는 로욜라 대학교에서 현대 외국어와 방송 저널리즘으로 학사학위를 받았다. 언어학 대학원 과정에 다니기 위해 결국 웨스트 코스트로 오게 되었고, 그곳에서 그는 뉴에이지(신사고 운동)을 발견하고 고도로 전문화된 다양한 학문 분야에서 훈련받았다.

감사를 표현하는 것은 나의 가장 자연스러운 성향이다. 앨리바마 주의 시골에서 자란 나는 항상 다른 사람에게 정중하고 관대하고, 감사하라고 배웠다. 성인이 되어 남자가 되었을 때, 나는 감사를 표현하는 이러한 삶의 방식을 선택했고, 보다 세련되고 사려 깊게 감사를 표현하는 방법으로 삶의 방식을 살펴봤다.

나는 항상 나 자신을 다르다고 생각해 왔다. 수년간 이 문제를 다루면서 나는 왜 내가 이런 식으로 느끼는지에 대해서 감사하게 되었다. 수년간 나는 대중들이 많이 있는 곳에서 떨어져서 삶을 바라봤다. 종종 고통스러웠지만, 그 경험은 내가 다른 사람들을 더 명확하게 보도록 하는 계기가 되었다. 이제는 내가 군중 활동에 참여하더라도 관찰자적 시점에서 바라보게 되었다. 대중들은 보통 매일 감사를 실천하지는 않는다. 좋은 일이 생길 때만 감사하고 나쁜 일에는 감사하지 않는다. 종종 이런 식으로 생각하는 사람들은 비참하고, 걱정이 많고, 화를 내고, 피곤하며, 긴장하고 체념한다. 우리는 운명이 우리 편이 아니라고 믿을 수 있다. 우리에게 불리하게 작용하는 운명 때문에 삶에 비극이 일어난다고도 믿을 수 있다. 잠재의식은 이에 대해 논쟁을 벌이지 않는다. 그대로 현실로 나타나도록 해준다.

하지만, 또 다른 삶의 방식이 있다.

감사는 사랑의 감정적 반응이다. 감사는 내면에서 솟아나는 깊은 사랑의 감정적 반응이다. 감사는 사람들이 삶의 놀라운 계획을 만나게 될 때, 그 계획에 의해서 내면 깊이 마주하게 되는 사랑의 감정이다. 나는 매일 기대하는 마음으로 감사할 일과 감사할 사람을 찾는다. 신학에서는 종교적 경험을 위대한 설계에 대한 인간의 심오한 인식으로 정의한다. 감사는 이렇게 평화와 이해로 이끄는 의식의 통로이자 접근 방식이다. 감사는 매일의 종교적 경험이다.

감사는 안도감과는 다른 것이다. 나는 내 삶, 내가 아는 사람들, 내 일에 관해 감사한다. 다른 한편으로는 내가 아프지 않아서 안도감을 느낀다. 첫 번째 감사하는 감정은 내 안에 있는 진실에 근거한 것이다. 아프지 않아서 감사하는 감정은 두려움과 공포에 근거한 것이다. 우리는 보통 감사할 때 감사의 깊은 감정을 이렇게 간단하게 구분하지 않는다. 안도감은 무언가 잘못될 수 있다는 것을 의미할 수 있지만 지금, 이 순간 모든 것이 괜찮다. 그러나 감사를 실천할 때는 모든 것이 이미 옳으며 잘못될 수 없다는 것을 확언하게 된다. 예를 들어 "나는 내 건강에 감사한다."와 같이 해야 할 일도, 고쳐야 할 것도 없다.

감사와 삶이 주는 감동에 대한 지속적인 긍정 확언과 기도가 없을 때, 나는 마음이 지루해지고 심장이 둔해짐을 느낀다. 나는 세상으로부터 잠시 물러나서 혼자 투쟁하기를 그만둔다. 감사는 어려움과 고통, 고립에서 벗어나는 길이다. 역경과 고통에 직면했을 때 감사를 실천하려면 우리 앞에 이미 벌어지고 있는 일에 대한 우리의 생각을 내려놓아야 한다.

어떤 상황에서도 우리가 인식하는 것보다 더 많은 일이 일어나고 있으며, 이것이 바로 감사가 우리에게 교훈을 주는 방식이다. 큰 그림에서 보면 우리 앞에 놓인 이 어려운 상황은 우리가 아직 알지 못하는 더 큰 퍼즐의 빠진 조각일 수 있다. 그 조각이 무엇인지는 아직 알지 못한다. 나는 두려움을 내려놓아야 하고, 무언가 잘못되었다는 판단을 내려놓아야 한다. 원칙적으로 이 내려놓음은 항상 지금, 이 순간으로 돌아오라는 알아차림으로 이어진다. 감사는 알아차림을 가능하게 하는 좋은 기회다. 감사는 인식에 이르는 통로이며, 인식은 끊임없는 사랑으로 통하는 문이다. 그것은 마음의 전환, 방향 전환, 사랑과 수용에 대한 의식의 헌신적 활동이다. 우리는 모두 할 수 있다. 우리는 기꺼이 해야만 한다. 감사의 실천은 고통스러운 인간의 이야기에서 우리를 구해준다. 왜냐하면 감사를 깊이 느끼다 보면, 우리 삶과 주변 사람들을 더 깊이 들여다보고 알아차릴 것을 요구하기 때문이다. 모든 것의 겉면은 깊이를 담고 있는 것이 아니라 오히려 깊이를 가린다. 반면 감사는 우리 삶의 색채를 풍부하게 하고 더 많은 것을 볼 수 있도록 해준다.

진심으로 감사의 감정을 느끼게 되면, 그 감사의 현존 앞에서는 걱정, 분노, 우울증, 어떤 종류의 부정적인 감정도 느낄 수 없다. 아름답고 화창한 날과 어둡고 폭풍우가 치는 날은 동시에 일어날 수 없다. 마찬가지로 감사는 우리의 마음을 두려움에서 벗어나게 하고 진실을 향해 모든 부정과 고통을 없애는 쪽으로 이끈다. 나는 체념, 냉소주의, 의심에 대한 예방 프로그램을 운영하고 있다. 나는 매일 한 번 이상 마음속을 들여다보며 감사해야 할 모든 것을 찾으려고 한다. 번영, 재물, 부의 지속적인 흐름이 나를 향해 다가오는 것을 알아차릴 때 내가 환영받고 있다고 느끼게 된다. 그리고 확실한 마음의 평화가 지속된다.

따라서 당신이 매일 끝없는 기도나 삶의 배경 음악처럼 감사를 실천하는 사람이 아니라면, 지금 감사를 실천할 가능성이 있는 곳으로 초대한다. 더 높은 의식의 방으로 올라오길 바란다. 감사에는 책임이 필요하다. 자신의 소중한 기여와 헌신과 재능을 발견하고 소유하는 건 어떨까. 당신의 삶에 존재하는 모든 사람을 인정하도록 하자. 사랑하는 사람들과 사랑하지 않는 사람들 모두 진정한 의미에서 똑같다. 그들은 여러분에게 삶의 교훈을 주러 온 스승들이다. 그들에게 감사하자. 그러는 동안 여러분이 얼마나 강력한지, 당신의 삶이 얼마나 감동적인지, 그리고 여기에 있는 것만으로도 얼마나 큰 축복을 받고 있는지 깨닫자. 그리고 무슨 일이 일어나는지 지켜보라.

감사는 기분을 좋게 만든다!

실비아 프리드먼

실비아 프리드먼은 점성가이자 인간 행동 분석가이며 행동 치유 상담가다. 그는 손 글씨 분석가로 20년 이상 활동해 왔으며 〈오프라 윈프리 쇼〉와 〈에이엠 시카고〉를 비롯한 수많은 TV 프로그램에 게스트(전문가)로 출연했다. 그는 현재 시카고에 거주하고 있다. 실비아는《가족의 별자리: 부모와 자식 사이에서 점성술이 관계에 미치는 영향》의 저자이기도 하다.

감사를 위한 시간을 따로 마련하는 것이 중요하다. 자신과 자기 삶을 들여다보면 좋은 점보다 나쁜 점을 더 쉽게 볼 수 있다! 하지만 기억하라. 부정적으로 생각하면 자신감이 떨어지고 어려운 상황을 더 악화시킬 수 있다. 자기 성취적 예언에 관한 생각을 믿는 분들은 마음을 열고 가슴으로 그런 일이 일어날 수 있다는 사실을 수용하는 것이 나쁜 일이 일어난 것에 대해서 마음을 쓰는 것보다 더 낫다는 것을 이해할 것이다. 우리 대부분은 인생의 아름답고 단순한 순간을 기억할 수 있을 것이다. 슈퍼마켓에서 낯선 사람에게 미소 짓고 상대의 미소를 받았던 기억이 있을 것이다.

누군가 내 손을 잡아주었을 때, 영화관에서 함께 웃어주었을 때, 우리를 위로하기 위해 가만히 곁에 앉아 있었던 분들에게 충분히 감사의 마음을 전할 수 있도록 그러한 순간들을 잠시 멈출 수 있다면 얼마나 좋을까? 매일 감사해야 할 이유가 있다. 감사를 더 깊이 느끼기 위해 특별한 순간을 찾아서 기억할 필요가 있다. 건강, 다른 사람을 도울 수 있는 능력, 좋은 친구의 지지와 도움, 모두 감사해야 할 이유다. 인생에서 그 어떤 것도 당연하게 여겨서는 안 된다. 나는 인생에서 스스로 선택할 수 있는 자유를 주신 부모님께 매일 개인적으로 감사하고 있다. 내면의 힘은 나를 도울 수 있는 한 사람, 즉 나 자신을 붙잡는 데서 나온다!

나는 항상 "인생 최고인 것들은 공짜다."라는 노래에 깊은 감명을 받아왔다. 감사는 무료다. 소중한 것들은 모두 대가가 없다. 예를 들어 꽃이 피는 것, 가을이 되면 밝아지는 형형색색의 단풍, 파란 하늘 같은 자연의 기적은 인생의 소박한 즐거움을 일깨워 준다. 매우 슬픈 시간을 보내고 있던 친구가 이렇게 말했던 게 기억난다. "나는 감사해. 왜냐하면 태양이 빛나고 있으면 긍정적인 느낌이 들어." 나는 웃으며 그녀에게 말했다. "태양이 우리에게 비추는 게 아니라 우리 안에서 태양 빛이 빛나는 거야."

나는 매일 아침에 일어나 전화벨이 울리는 것을 들을 수 있음에 감사한다. 내가 괜찮은지 안부를 묻는 친구 중 한 명이 전화했다는 것을 알기 때문이다. 나는 창문 밖으로 호수를 바라보며 하루를 평화롭게 시작할 수 있어서 하나님께 감사한다. 우리 중 많은 사람이 이와 비슷하게 감사할 기회를 얻고 있다. 감사하는 마음 자체가 중요하다. 좋은 것을 받기 위해 고군분투한 사람들은 우리가 이미 가지고 있는 것에 감사할 수 있다. 믿는 바를 위해 열심히 노력하고 투쟁할 수 있는 에너지와 힘이 있다는 사실에 감사할 수 있다. 자신에 대한 믿음이 있다면 자존감이 우리가 있어야 할 곳으로 데려갈 것이다. 더 어려운 삶의 교훈을 배워야 하는 쪽으로 우리를 데려간다면, 그 교훈을 통해 배우고 앞으로 나아가는 것이 최선이다. 희망, 믿음, 낙관주의는 우리에게 내일을 버틸 힘을 준다. 인생은 진짜 도전이 될 수 있지만, 우리가 이미 받은 것에 감사한다면 우리의 꿈은 실현될 수 있다.

마지막으로, 우리는 모두 용기에 감사할 수 있다. 개인적인 위험을 감수할 수 있는 용기에 관해 감사할 수 있다. 우리 자신을 믿는 것이 가장 중요한 힘이기 때문이다. 우리는 모두 삶이 우리를 통과하며 지나가기 전에 사랑, 우정, 지식을 모을 수 있는 능력을 갖추고 있다. 노력하는 것은 우리 자신에게 달려 있다. 감사의 중요성을 이해하는 사람은 다른 사람들이 자신의 특별한 순간을 알아차릴 수 있도록 도움을 줄 수 있다. 감사는 기분을 좋게 만들어 준다!

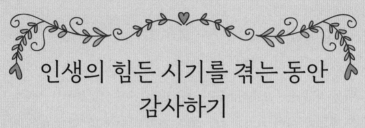

인생의 힘든 시기를 겪는 동안 감사하기

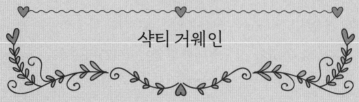

샥티 거웨인

샥티 거웨인은 베스트셀러《창의적 시각화, 빛 속에서 살기, 정원으로 돌아가기, 깨어남, 변화의 길》과 기타 여러 권의 책을 낸 작가이다. 샥티는 따뜻하고 명료하며 영감을 주는 영적 교사다. 샥티는 전 세계적으로 워크숍을 이끌고 있다. 20년이 넘는 기간 동안 수천 명의 사람이 내면의 진실을 발견하여 스스로 믿고 행동하는 법을 배우도록 돕고 있다. 특히 사람들이 삶의 모든 영역에서 장애물을 놓아주고 창의력을 발휘하도록 돕는다. 샥티와 그녀의 남편인 짐 번즈는 나타라즈 출판사 공동 설립자다. 이들은 캘리포니아의 밀벨리와 하와이의 카우아이섬에 본거지를 두고 있다.

좋은 일이 일어나고, 삶이 우리가 원하는 대로 진행되고 있을 때 감사함을 느끼기는 비교적 쉽다. 심지어 우리는 그것들을 당연하게 여긴다. 잠시 시간을 내어 다른 사람들, 지구, 우리보다 더 높은 힘, 생명에 대하여 감사를 표현할 때 기분 좋은 감정을 느낄 것이다.

큰 도전이나 어려움을 겪고 있을 때, 감사는 힘든 시기를 잘 이겨내도록 도와준다. 어려운 시기를 겪고 있거나 삶이 우리가 생각하는 대로 흘러가지 않을 때도 감사해야 한다. 힘든 시기에는 상처, 혼돈, 화와 같은 감정을 느낄 가능성이 더 크다. 마음에 상처를 입거나, 혼란스러워하거나 분노하는 것은 지극히 자연스러운 일이다. 이럴 때 가장 먼저 떠오르는 것이 감사다. 내 인생에서 우주를 향해 주먹을 휘두르며 왜 이런 잔인한 시련을 주는지 궁금할 때가 있었다. 그때 감사함을 만나게 된다.

하지만 흥미로운 것은 어려운 시기를 겪은 후에 돌이켜보면 그 경험에 대해서 중요하고 필요한 무언가를 종종 깨닫게 된다는 점이다. 몇 달 또는 몇 년이 지날 때까지도 이러한 관점에 도달하지 못할 수도 있지만, 결국에는 중요한 교훈을 배우고 삶의 깊은 지혜와 깨달음을 얻었다는 것을 알게 된다. 또한 그 당시에는 부정적으로 보였던 사건이 결과적으로는 새로운 삶의 문이 열리는 기회임을 알아차릴 수 있다.

예를 들어, 실직은 영적 또는 정서적 치유로 이끌 수 있다. 관계의 끝은 혼자만의 시간이 필요하다는 것을 발견할 기회를 주기도 한다. 어떤 관계가 끝이 난 이유는 더 만족스러운 인간관계를 위한 길을 열어줄 수도 있기 때문이다. 그때 그 시점에서, 우리는 삶이 그렇게 펼쳐진 것에 대해 감사함을 느끼기 시작할 수도 있다.

보통 우리 인생에서 고통스러운 시기를 나는 "치유의 위기"라고 부른다. 우리는 낡은 무언가를 버리고 새로운 것을 받아들이는 중이다. 우리는 이미 성장했기 때문에 의식 중에서 종종 그런 일이 발생한다. 그러므로 더 이상 과거의 낡은 방식으로 살 필요가 없다. 때로 우리는 우리 자신과 삶에서 반드시 거쳐야 하는 변화에 직면해야 할 필요가 있다. 우리가 집착하고 있었던 것을 내려놓을 때는 반드시 겪어야 할 애도 과정도 있다. 그런 두려움과 슬픔을 느끼도록 자신을 있는 그대로 허용해 줘야 한다. 단순히 그때는 보이지 않지만, 그 경험에서 얻는 선물이 반드시 있다는 것을 스스로 상기시킬 수도 있다.

그러므로 만약 지금 여러분이 치유의 위기 시간을 겪는 중이라면, 할 수 있는 한 주변에 지원과 사랑을 많이 요청하고 다가오는 감정을 하나도 놓치지 말고 있는 그대로 온전히 느끼도록 하라. 그러한 준비가 되었으면 삶의 힘든 도전과 위기와 역경이 나에게 온 이유 즉, 선물이 무엇인지 내면의 신성神性에 물어보라. 그리고 시간이 지나면, 어떤 관점을 갖게 될 것이다. 그러면 그때 다시 한번 삶의 경이로운 여정에 깊이 감사함을 표현하는 것을 잊지 말기 바란다.

감사는 성소다

미셸 골드

미셸 골드는 아름다운 커피 테이블 책(커피 한잔 마시기 위한 테이블 위에 놓는 책 – 역자 주)《바다의 천사들: 아틀란티스의 돌고래 예술》의 저자이다. 수상 경력에 빛나는 그녀의 영적인 예술 작품과 스토리텔링은 꿈의 이미지를 담고 있다. 이미지, 환상, 신화, 그리고 야생 돌고래 가족과 함께 수영하는 실제 경험을 바탕으로 작업이 완성된다. 그녀의 작품은 국가 기록 영화에 실리기도 했으며, 전 세계적으로 개인 또는 기업 컬렉션에 전시되었다. 모든 생명에 대한 깊은 사랑과 존중의 메시지를 담고 있는 이 아름다운 돌고래에 대한 그녀의 연민을 다른 사람들도 공유할 수 있기를 바라는 것이 그녀의 가장 큰 희망이다. 미셸은 전문 미술 일러스트레이터, 작가, 사진작가, 댄서, 음악가로 사랑이 언제나 답이라고 믿는다.

아버지는 나에게 놀라운 이야기를 해주셨다. 어떤 아빠가 어린 딸에게 아주 작고 단순한 디자인의 로켓을 주었다. 그 단순한 목걸이 로켓 안에는 매우 귀중한 다이아몬드가 봉인되어 있다고 말했다. 아빠는 어린 딸이 그 다이아몬드가 필요할 때 언제든지 열 수 있다고 말했다. 다이아몬드를 열어서 팔아도 되고, 어려움을 극복할 수도 있다고 말했다.

그 딸은 자라서 성인이 되어 끔찍한 가난의 시기를 홀로 견뎌냈지만, 목에 걸려있는 다이아몬드가 안전하게 보관되어 있다는 생각만으로도 용기를 낼 수 있었다. 몇 년 후, 그녀는 마침내 삶에서 성공을 거두었으며, 더 이상 돈 때문에 전전긍긍하며 살 필요가 없었다. 그녀는 호기심에 가득 차서 자신이 갖고 있는 다이아몬드가 얼마나 가치가 있는지 알아보고자 했다.

여인은 소중한 목걸이를 마을에서 가장 훌륭한 보석상에게 가져가 다이아몬드의 감정을 받았다. 보석상은 어이가 없다는 눈빛으로 그녀를 바라보더니 망치를 들고 한 방에 작은 목걸이를 부숴버렸다. 보석상은 여러 조각으로 부서진 더미를 비추며 말했다. "이것은 다이아몬드가 아닙니다. 그냥 쓸모없는 평범한 유리 조각일 뿐입니다!" 이 소식에 깜짝 놀란 여자는 한바탕 웃고, 울고 또다시 웃었다.

"아니에요, 사장님. 이 다이아몬드는 세상에서 가장 값진 다이아몬드입니다!" 그녀는 눈에서 눈물을 닦으며 대답했다.

그녀의 아버지는 그녀에게 값으로 환산할 수 없는 보석을 선물한 것이다. 그녀가 항상 괜찮을 것이라는 희망과 믿음이라는 선물을 준 것이다. 그리고 그녀는 항상 그 사실에 감사할 것이다.

그동안 가장 감사했던 경험을 찾으려고 하니 내 마음이 마구 소용돌이친다. 아무리 독특한 경험이라도 그 중심에는 항상 친절이 자리하고 있었다. 나는 감사의 정의가 바로 '친절에 대한 감사'

라고 말할 수 있게 되어 기쁘다. 나는 감사를 생활화하면서 살려고 노력한다. 나의 첫 번째 선생님은 부모님과 형제들, 그리고 작은 뒷마당의 이끼가 낀 정원 밑에 사는 모든 작은 벌레들이었다. 노랑 호랑나비가 내 손에 앉아 나에게 빛을 비추거나, 들새가 깃털을 가까이서 볼 수 있을 정도로 내게 가까이 다가왔을 때, 감사함을 느꼈던 기억이 난다.

감사가 항상 즉각적인 것은 아니다. 감사로 인해 어떤 이점이 있었는지, 언제 통찰력을 얻을 수 있을지 밝혀지는 데에는 시간이 걸리기 때문이다. 많은 경우, 감사의 결여는 강력한 역풍이 될 수 있다. 심적으로 방황을 많이 하고 불만이 컸을 때가 종종 있었다. 그것은 변화가 필요하다는 신호였으며 그 불행한 사건은 일종의 전환점 역할을 하여 사랑과 감사로 돌아서는 계기가 되었다. 성인이 된 후, 야생 돌고래와 함께한 몇 차례의 시간은 조건 없는 사랑의 경험과 지금, 이 순간에 대한 감사로 이어졌다. 나는 항상 놀라움과 감사를 느낀다.

훌륭한 명상 선생님이 의도를 설정하는 방법을 가르쳐주었다. 이것은 삶의 방향에 대해 우주에 명확한 신호를 보내는 방법이다. 항로를 설정하고 성스러운 섬으로 향하는 배의 돛을 조정한다. 안개가 먼바다에 가려져 있지만 당신의 직감은 성스러운 섬이 그곳에 있다는 것을 알고 있다. 강하고 소용돌이치는 바람으로 인해 항로가 바뀌기도 하지만 온화한 열대 바람에 의해 다시 길을 찾을 수 있다. 밤이 또다시 찾아오지만 신비로운 여정을 안내하는 지도를 마음속 깊이 간직하고 있다. 결국에는 목적지에 도달할 것이다.

나는 감사가 우리 자신에게 도달하는 길이라고 믿는다. 매일 아침과 저녁, 잠시 집중한다. 그리고 조용히 명상하면서 현존을 느끼고, 그 안에 있는 모든 사람의 존재와 사랑에 감사드린다. 나는 내게 주어진 모든 것, 배우고 있는 모든 것에 대해 감사한다. 성취하고자 하는 모든 것에 대해서도 이미 이루어진 것처럼 감사한다. 안내 천사와 사랑하는 사람들과 지구를 치유해 준 자연의 영혼들에도 감사한다. 나는 건강과 감각의 풍요로움에 대해서도 감사한다. 나는 지구의 심오한 아름다움과 장엄함에도 감사한다. 창의력의 선물인 그림, 말, 음악, 춤을 통해 내 감정을 표현할 수 있는 능력에 감사한다. 고대 이야기, 이미지, 그리고 수 세기 동안 갈망해 온 자연에 나는 감사한다. 아름다운 돌고래, 새, 나무, 그리고 살아있는 모든 것에 대해 감사한다. 나는 풍요로움과 번영에 감사한다. 그리고 무엇보다도 친절에 감사한다.

수차례 삶이 매우 고통스럽고 힘들었을 때, 나는 친절이라는 세상의 몸짓에 매우 감사했다. 수년 동안 삶의 투쟁에서 고독을 느꼈다. 하지만, 내면 깊은 곳에는 항상 다이아몬드처럼 밝게 빛나는 무언가가 있었다. 삶과 사랑의 놀라운 선물에 깊이 감사함을 지니고 있었다.

항상 사랑받을 가치가 있는 존재로서의 자신을 소중하고 값진 존재로 대하라.

감사는 우리가 더 깊이 사랑할 수 있게 해주는 성소이다.

둥그런 보름달

수천 년 동안 떠오른 보름달 아래…….
헤엄치며 당신을 찾아 헤맸다.
갈 곳을 잃어버린 배와 표류하던 영혼은
바다에 대한 그리움과 천사들의 인도로 따뜻한 곳에 안착했다.

.

방황하는 마음으로 몸을 웅크려 안은 채 고향을 그리워하지만
지금 이곳이 바로 고향이라는 사실을 깨닫지 못한 채로
내 두 눈을 통해 숨 쉬는 비의 움직임은 위쪽으로 올라
바깥쪽으로 이동한다.

내 마음속 깊은 곳에 묻혀있던 보물들이
〈꿈꾸는 천사의 노래〉를 시작했다는 것을 알고 미소 짓는
나무들의 달콤함을 느낀다.

내 영혼을 유일한 지도 삼아
배를 조종하여 고향으로 안내한다.

다정한 손으로 이 세상이 부드러워지길 바라면서
새들의 달콤한 음악과 함께 조용히 미끄러지네.
가장 깊은 곳에서 부름…….
나는 속으로 미소 짓는다.
나는 깊이 미소 짓는다.

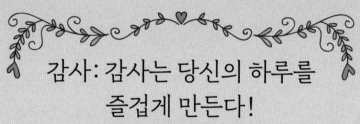

감사: 감사는 당신의 하루를 즐겁게 만든다!

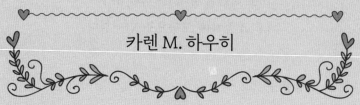

카렌 M. 하우히

카렌 M. 하우히는 수상 경력이 있는 예술가이자 시인, 디자이너이다. 그녀는 전 세계적인 개인 컬렉션에 소장품이 전시되어 있으며 《천사: 빛의 수호자들》의 저자이기도 하다. 천사와 인어를 그리는 데 영감을 주는 것이 무엇이냐는 질문에 그녀는 다음과 같이 대답한다. "저는 명상과 몸을 편안하게 해주는 소리를 통해 상상력을 들여다보고, 주로 '음악'으로 영감을 얻습니다." 이것은 차례로 창조적 지성을 자극하고 일깨워 선입견을 타파한다고 그녀는 말한다. 카렌은 북부 캘리포니아 지역에 거주하고 있다.

먼저 나의 오랜 꿈을 현실로 만들어 준 친애하는 친구 루이스 헤이에게 감사의 마음을 전한다. 그녀의 사랑과 지원 및 친절은 항상 나에게 영원히 감사로 남을 것이다!

또한 신이 내게 주신 천사를 그릴 수 있는 능력에 대해서도 감사드린다. 내가 가진 재능은 나 자신을 위한 것이 아니라 다른 사람들을 위한 것이기 때문이다. 그리고 그 재능은 다른 사람들의 삶에 실제로 영향을 끼친다.

삶은 자기 자신만을 위해 고립되는 것이 아니라 사랑과 평화의 맥락에서 함께 나누는 것이다. 감사는 또한 다른 사람을 위한 행동, 또는 이른바 무조건적인 행동이라고 부르는 친절, 누군가를 위해 선행을 베풀고 싶다는 것 외에는 다른 이유가 없다. 전혀 모르는 사람이든 평생 알고 지낸 사람이든 나는 이런 일을 할 때 완전한 만족감을 얻는다. 내가 그런 것을 찾고 있는 것은 아니지만 항상 사랑과 평화가 나에게 돌아오고, 신이 항상 지켜보고 있다는 것을 알고 있다.

샌프란시스코 베이 지역의 집 근처에서 산마테오 다리를 건너고 있었다. 나는 항상 요금소 직원에게 내 차 바로 뒤에 있는 차의 요금도 내가 낸다고 말한다. 창문이 선팅된 아주 고급 차가 바로 뒤에 있었다. 나는 요금소 직원에게 평소와 같이 통행료의 2배를 주고, 뒤에 있는 차의 요금을 내달라고 요청했다. 요금소의 여직원은 분명히 내 차와 뒤에 서 있는 차의 상태를 비교하고 있었기 때문에 나를 약간 의아한 눈으로 쳐다보았다. 하지만 그녀는 요청한 대로 해줬다.

내가 이렇게 뒤차의 통행료를 대신 내주는 행동을 했을 때 사람들은 간단히 미소 짓거나, 손을 흔들거나, 이상하다는 반응을 보이곤 했다. 하지만 이번에는 조금 달랐다. 앞서 언급한 차가 옆을 지나며 창문을 내리더니 두 명의 어린 소녀와 그들의 엄마, 아빠가 기쁨과 흥분으로 손을 흔들고 경적을 울리면서 행복하게 웃기 시작했다. 나는 우리가 말했던 감사와 같은, 온 마음으로 기뻐하며 표현하는 감사의 몸짓을 본 적이 없었다. 그들의 반응을 보니 내가 통행료를 내준 것 이상으로 더 많은 일을 했다고 생각한다. 이처럼 나의 작은 행위로 아이들과 그 부모의 얼굴에 나타난 놀라움과 행복을 보는 것만으로도 누군가의 하루를 행복하게 해줄 수 있을 만하다.

한 번은 주택가를 운전하고 있었는데 누군가가 집 밖에 주차된 차의 헤드라이트를 켜놓은 것을 발견했다. 잠시 길을 벗어나는 것이었지만 나는 차를 돌려 그 집으로 걸어가서 문을 두드렸다. 그리고 집주인에게 차에 불이 켜져 있다고 말했다. 그 집에 사는 가족은 마치 내가 기적적인 일을 한 것처럼 반가워했다. 내가 생각하기에는 분명히 기적적인 일이 아닌데도 말이다.

그래서 내가 강조하고 싶은 것은 가시적인 수준이 아니라 당신의 마음과 영혼을 다른 사람에게 기대하지 않고 궁극적으로 실천할 수 있는 무조건적인 친절이다. 당신이 받게 될 감사는 당신이 가진 사소한 것들의 나눔을 실천함으로써 얻게 될 것이다.

인생은 선물이며, 그 선물로 무엇을 하느냐는 전적으로 여러분에게 달려 있다. 이 선물에 감사하면서 우리가 사는 이 아름다운 지구인 어머니의 대지를 치유하는 데 사용하기를 바란다.

감사의 표시

크리스토퍼 힐

크리스토퍼 힐 박사는 의식에 대한 27권이 책을 쓴 작가이자 세계 요가협회 전 회장이며, 세계 기아 문제를 해결을 위해 해조류 식량 자원을 개발한 선구자인 트리즈 대학 설립자(1972)이며, 라이트포스 스피룰리나 회사 창업자다. 그는 현재 노숙인과 아동을 위해 정서적으로 책 읽기 봉사에 참여하고 있다.

거의 죽음에 이를 지경에 처했을 때 나는 무척 감사함을 느낀다. 언젠가 나는 뷰익 차량을 타고 경사가 매우 가파른 언덕길을 내려가다가 자동차 앞바퀴가 날아간 적이 있었다. 내 차는 멈추지 않고 굉음을 내면서 불꽃을 번쩍거리며 아래로 내 달리고 있었다. 나는 기도하면서 천천히 운전하며 어렵사리 차를 몰고 간신히 내려갔다. 어느 날에는 번개가 내리치는 배 갑판 위에 있었던 적도 있다. 이뿐만이 아니다. 한 번은 배를 타고 가는데, 배의 교각 위로 번개가 번쩍거렸다. 이때 내 얼굴에서 불과 2피트밖에 떨어져 있지 않은 곳에 수직으로서 있던 지지대가 배와 충돌했다. 그 순간, 수백만 볼트의 전기가 강철을 통해 바다로 흘러갔던 장면은 하나의 마법 같았다. 이때 마음속 깊이 감사를 느꼈다. 이때 나는 내 머리카락이 타는 냄새 대신, 화염으로 인해 숨이 막힐 정도의 매캐한 공기 냄새를 결코 잊을 수 없다. 그런데도 나는 감사하지 않을 수 없었다.

심지어 나는 어머니 뱃속에 있을 때도 번개로 인해 충격을 받았다. 이 사건으로 인해 어머니는 팔을 심하게 다치셨고 나는 손목에서 팔꿈치까지 붉은 반점을 가지고 태어났다. 이 상흔은 14년 동안이나 남아있었다. 이때 충격이 너무 커서 어머니는 나를 품에 안을 수도 없었다. 나는 너무 어렸기에, 살아있다는 것이 하늘에서 주신 선물이라는 사실조차 인식하지 못했다. 그러나 돌이켜 보면, 어머니와 나는 이 끔찍한 전기충격에도 무사히 살아남아 숨 쉬며 살아가고 있다는 사실만으로도 감사하며 지내고 있다.

살아 있다는 것, 생명이 허락한 모든 선한 일을 내가 인정하기 전까지만 해도, 나 자신에게 얼마나 감사한 일이 많이 있었다는 것을 생각조차 하지 못했다. 다만 이제야 비로소 감사를 표현할 수 있다는 것이다. 나는 위험에 처했을 때와 풍요를 누릴 때뿐 아니라 내가 경험하는 모든 것에 감사를 표현하는 법을 알게 되었다. 나는 매우 가깝게 우정을 나누는 사람뿐 아니라 거짓말로 나를 속인 사람에게도 감사한다. 왜냐하면 이들로 인하여 인생에서 많은 교훈을 깨달았기 때문이다. 동시에 나 자신도 내가 한 약속을 잘 지키고, 영적인 가르침에 따라 진실하게 살아가는 사람들에게 더욱 깊이 감사할 수 있게 되었기 때문이다.

나의 생애에서 가장 감사한 순간 중 하나는 폭풍우 속에서 의식을 잃고 쓰려졌다가 깨어났을 때다. 나는 서인도 제도에서 요트를 타고 포트 안토니오로 향하는 자메이카 섬을 손님들과 함께 여행 중이었다.

당시 향신료 무역을 하던 루이스 헤이와 그녀의 남편 앤드류는 여행 중에 동행했던 손님이었다. 우리는 포트 안토니오에서 반나절 정도 항해하다가 폭풍우를 만났다. 두께가 1피트도 훨씬 넘는 엄청나게 큰 파도가 갑자기 거센 바람을 몰고 와서 나는 조타실에서 배수구 쪽으로 밀려갔다. 보트 옆에 부착된 사이드 레일은 거의 물에 잠겨버렸다. 영문도 모른 채 나는 레일 사이에 끼어 의식을 잃은 채 누워 있었다. 시간이 흐른 뒤 루이스 헤이의 얼굴이 내 위에 엎어져 있었고, 앤드류가 소리를 지르면서 나를 깨우려고 아주 거칠게 흔들고 있는 모습이 희미하게 눈앞에 어른거렸다. 앤드류는 말했다. "90톤이나 되는 이 큰 배를 항해하는 방법을 아는 사람이 아무도 없으니, 우리 모두 정신 차려야 해!!!" 아무도 포트 안토니오로 가는 항로를 알지 못했다. 육지도 보이지 않았다.

이것이 내가 전적으로 살아야 할 필요성을 처음 경험했던 일

중 하나였다. 앤드류는 "내가 없었다면 우리 모두 죽을 뻔했어!"라고 말했다. 나는 서서히 의식을 회복하면서 그가 한 말을 곰곰이 생각하면서 깨달은 것이 있다. 운이 좋아 죽을 수밖에 없는 순간에서 생명을 구하는 사람도 있는 반면에, 자신의 운명이 다른 사람의 손에 맡겨질 수 있다는 사실을 말이다. 나는 지금 걸을 수 있고, 말할 수 있는 것만으로 내 안에 깊이 자리 잡은 안도감을 잊을 수 없었다. 비록 이때 받은 충격으로 인해 목의 통증이 완전히 사라지기까지 8주 정도 더 기다려야 하지만, 여전히 내가 살아있다는 사실이 매우 감사하다. 안토니오 항구까지 손님들을 안전하게 안내할 수 있다는 것도 얼마나 큰 행운인지 감사하다고 생각했다.

폭풍 속에서 정신을 차렸을 때, 화장이 다 지워지고 축축한 머리카락 상태의 루이스 헤이의 얼굴이 아직도 눈에 생생하다. 그 사건이 일어난 지 38년이 지난 오늘, 살아있다는 사실이 나 자신을 더욱 감사하는 사람으로 만들었다는 사실에 다시 한번 감사하고 있다. 이전에 살아온 길과는 전혀 다른 길을 걸을 수 있도록 내 눈에 보이지 않는 저 높은 곳에 계신 분의 능력이 나를 돌보셨다고 믿고 있다. 아직 그 힘의 이름은 정하지 않았다. 비록 힘이라는 말을 많이 들었지만, 나는 이것을 "여신 에너지"라고 부르고 싶다. 우리가 마음속에 감사와 고마움을 위한 공간을 만들 때 살아가는 데 필요한 에너지가 생긴다. 이 비물질 에너지는 우리를 둘러싸고 있는 자연환경을 통해 역동적으로 작용하는 섬세하고 미묘한 무한 지성이다. 우리는 의식 내부에서 이 무한 지성의 능력에 도달하지만, 실제로는 그 주파수와 에너지가 내면에 숨겨져 있다.

우리의 숨겨진 지적 능력에 순종할 때, 생명의 근원에까지 이르는 감사와 고마움을 만날 수 있다. 이 여신 에너지는 우리 문화에서 많이 잊히고 거칠게 다뤄져 왔다. 다른 많은 문명에서는 인권의 존엄성조차 인정받지 못한 채 완전히 억압당하고 있다. 그들은 "구원에 이르는 유일한 길"이라는 다른 홍보물을 통해 알리면서 여신 에너지를 죽이고 있다. 이것은 우리가 은혜를 받는 방식이 아니다.

궁극적으로 감사하게 되는 것은 은혜를 입은 우리의 태도에 따라 좌우된다. 우리가 감사를 어떻게 표현하는가에 따라 우리가 받은 선물의 가치가 입증되기 때문이다. 만일 감사함을 표시하지 않으면, 우리가 받은 선물 역시 그 가치를 잃어버릴 뿐 아니라 가치 있는 선물도 주어지지 않을 것이다.

어떤 태도로 선물을 주는가보다 더 중요한 것은 선물을 어떠한 태도로 받는가 하는 것이다. 실제로 선물을 주는 것이 선물을 받는 것보다 더 쉽다. 우리에게는 태어났을 때부터 선천적으로 받은 재능이라는 선물이 있다. 그러나 이 재능이 매우 소중한 선물이라는 사실을 의식적으로 감사하기보다는 마치 당연한 것처럼 여기는 경향이 있다. 우리 스스로 이 귀한 선물을 받고 감사를 표시도 하지 않으면서 어떻게 다른 사람에게 가치 있는 선물을 줄 수 있을까? 따라서 더욱더 중요한 것은 내가 먼저 받은 선물을 감사히 받을 수 있어야 한다. 그렇지 않으면 우리가 받은 선물은 그 가치와 효과를 상실한다는 것을 알아야 한다.

나는 인생에서 아름다움과 사랑스러움을 발견하여 그 사랑을 나눌 수 있는 행복한 삶을 살고 있음에 감사한다. 이 감사는 우리가 받은 선물을 온전하게 받을 때만 모든 선물이 가치가 있다는 사실을 깨닫는다. 현실적으로 어떤 선물이든 간에 우리가 감사함으로 받고 표현할 때, 비로소 선물의 진정한 가치를 부여할 수 있기 때문이다. 우리가 모든 상처를 용서할 수 있다는 것도 우리 자신에게 줄 수 있는 가장 큰 선물이다. 그러나 무엇보다 이러한 선택 자체에 감사할 줄 아는 사람이 거의 없다는 사실이다.

만일 사람들이 감사할 수 있는 능력이 어디에서 왔는지에 대해 고마워하지 않는다면, 그 능력이 주어진 근원되는 존재로부터 우리는 아무 것도 받을 수 없을 것이다. 모든 것에 감사할 수 있는 것은 바로 감사할 수 있는 것을 인정하는 것의 결과다.

과거에 입었던 상처나 앞으로 입게 될 상처를 용서하기로 선택하는 것은 상처로 인한 모든 업보를 없앨 수 있는 길이다. 그렇기에 용서한다는 것 자체는 갚을 수 없는 선물이다. 업보에서 벗어나는 길은 감사의 심오한 힘을 인정하고 그에 감사하는 것이다. 감사를 드릴 때 우리는 먼저 감사한 상태에서 선물을 받고 생활 속에서 실천에 옮길 때 가능하다. 이것은 여신Goddess의 선물이며, 그녀는 우리 모두에게 그것을 주기를 간절히 바라고 있다. 받기 전부터 감사하는 마음, 이것이 바로 기적을 창조하는 힘이다.

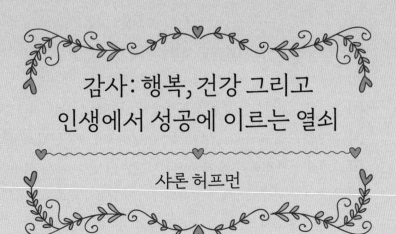

감사: 행복, 건강 그리고 인생에서 성공에 이르는 열쇠

샤론 허프먼

사론 허프먼은 인라이트먼트 리더십 센터의 설립자이며 영감을 주는 리더십과 역량 강화에 대하여 교육한다. 그녀는 전 세계 모든 분야의 리더들에게 영감을 주는 코치로 활동해 왔으며, 개인의 잠재력을 최대한 발휘하고 균형 잡힌 삶을 살면서 세상에 고귀한 공헌을 할 수 있도록 코칭한다. 강연자, 상담가, 작가로 활동하고 있다. 저서로는 나타라지에서 출간한 《비전의 여성》, 잭 캔필드와 마크 빅터 한센의 《영혼을 위한 닭고기 수프》 등이 있다.

오늘 아침에 산책하면서 깊은 감사를 느꼈다. 푸른 하늘과 23℃
의 따스한 기운을 대하면서 내 시선이 닿는 모든 곳이 아름다움
으로 가득 채워져 있는 것에 감사했다.

울창한 숲과 숨 막히게 아름다운 초록빛 언덕, 꽃과 야자수,
폭포와 분수의 물소리, 오리 떼가 헤엄치는 연못, 호수 위를 유유
히 날아다니는 황새, 하얀 눈으로 옷을 입은 산허리에 이르기까
지 모두 감사로 감동이었다. 눈 앞에 펼쳐진 풍경과 풍요로움은
내 입술에서 감탄사를 자아내기에 부족함이 없었다.

3개월 전 어느 날. 하얀 눈이 덮인 산에서 하이킹하고 있을
때 내 안에서는 영적인 기운이 몸을 따스하게 감싸고 나의 발걸

음을 아름다운 곳으로 이끌고 있었다. 나는 이 기운에 온전히 내 맡긴 채, 내게 주어진 모든 것에 감사하면서 거닐었던 그날을 기억했다. 그날, 너무 감사하게도 나는 아름다운 낙원으로 이끌려 갔다.

나는 지난 15년간 성공적이고 행복한 삶을 살 수 있도록 고객을 교육하면서 한 가지 비결을 발견했다. 고객들에게 감사를 실천하는 방법을 가르쳤을 때, 그들의 삶 전체가 변화되었다는 것이다. 그들은 자신에 대하여 좋은 느낌을 받았으며, 감사를 실천하므로 멋진 미래를 만들 힘을 소유하게 되었다. 자신들의 삶에서 일어난 사건들과 이에 대하여 긍정적인 방법으로 대응하는 방식이 완전히 변화되었다. 마치 요술 방망이를 발견한 것 같았다.

감사는 우리의 삶과 우리 자신을 바라보는 방식을 변화시킨다. 설령 참을 수 없고, 변화되지 않을 것 같았던 힘든 상황도 변화할 수 있었고, 실제로 변화가 일어났다. 감사를 시작하게 되면서 어두웠던 상황은 밝아지기 시작했다. 변화를 창조할 기회가 내게 있었음을 알게 되었다. 우리 자신과 살아가는 환경에 긍정적인 영향을 미칠 수 있는 능력이 향상되었다. 우울증이 사라지고 갈등은 조화로, 스트레스는 평화로움으로 바뀌었다. 감사하는 것이 우리 삶의 방식이 되면, 성공과 행복과 건강도 일상이 될 것이다.

우리가 분노하며, 두려움을 느끼고 우울할 때마다 감사를 의식적으로 실천하게 되면, 잃어버린 우리 자신을 발견할 수 있다. 나는 삶이 원망스럽고 때로는 현실에서 쓰레기통에 처박히고 싶은 상황을 수없이 많이 접했다. 그러나 그때마다 나에게 주어진 축복을 하나하나 세어가면서 감사를 의식적으로 실천했다. 이럴 때마다 기분이 좋아지는 것을 느꼈다. 힘든 상황에서 감사할 수 있는 일을 떠올릴 때마다 기분이 좋아지는 것은 물론 새로운 기운이 생겨나 마음이 회복되었다.

감사를 느낄 때마다, 모든 것이 변화된다. 슬픔과 상실을 느끼게 하는 상황을 변화시키고, 동시에 그것을 기쁘고 행복한 상황으로 바꾼다. 감사로 가득 채워진 마음으로 바라볼 때, 상황은 그 즉시 달라진다.

감사는 나의 삶을 완전히 변화시켰다. 나는 비행기 사고로 인해 가까운 친구를 잃었던 충격을 경험했다. 이후 비로소 감사의 능력을 처음 깨닫게 되었다. 수개월 동안 낙심하고 절망적인 상태로 지낼 수밖에 없었다. 바로 이 시기에 고대의 지혜를 읽으면서 삶에 의미와 목적이 있었다는 것을 알게 되었다. 다시 말하면 삶에 대한 관점이 완전히 바뀌었다. 이후부터 나는 삶을 긍정적으로 바라보기 시작했다. 내 안에서 새로운 능력이 채워지고 있음을 느꼈다. 내 인생이 끝나는 것이 아니라 완전히 새로워진 삶을 다시 시작하게 되었다.

　　그 후 얼마 지나지 않아서 나는 생명의 위협이 느껴지는 진단을 받았다. 앞으로 나에게 주어진 시간이 6~9개월 정도라는 의사의 진단 결과였다. 하지만, 감사하는 생활을 지속하면서 몸에서 병이 사라지고, 세포에 새로운 생명력과 활력이 넘쳐나는 것을 느꼈다. 한참 뒤에야 비로소 감사하는 마음으로 살게 되면, 몸 전체에 긍정적인 엔도르핀이 분비되어 건강한 몸을 만든다는 사실을 알게 되었다.

　　감사는 몸을 치유하는 것에서 끝나는 것이 아니라 활력 있는 몸을 만들기도 한다. 이 말을 믿지 못하겠는가? 그렇다면 오랫동안 분노하며 살아온 사람의 얼굴을 자세히 살펴보라. 아마 그런 사람들의 얼굴은 이미 어둡게 보이고 무엇에 쫓기거나 때로는 끌려다니는 삶을 살 것이다. 간신히 삶을 연명하면서 초라해 보일 것이다. 다음에는 감사하며 살아온 사람의 얼굴을 관찰해보자. 그들의 얼굴에는 생기가 가득하고, 건강하며 밝은 얼굴을 하고 있을 것이다.

　　어떻게 하면 행복하고 건강하며 성공적인 삶을 살 수 있을까? 이 질문에 대한 열쇠는 바로 감사다. 감사는 우리의 삶의 질을 높이고, 우리가 원하는 곳으로 이끌어 준다. 3개월 전 내가 아침에 하이킹했을 때처럼 우리가 감사함으로 원하는 것에 집중하면 그것은 우리 쪽으로 이끌려 온다. 우리는 자연스럽게 자석과 같이 선한 삶으로 인도된다.

감사는 우리의 삶을 감사로 보답한다. 감사함을 느낄 때 우주의 기운이 풍요로움으로 우리 주변을 채운다. 만일 당신이 경제적인 어려움을 겪게 될 때, 지갑이나 주머니에서 10원이라도 있으면 이렇게 감사로 관점을 바꾸어 보라. 이미 있는 돈, 10원에 감사하는 마음을 가져보자. 아마 더 많은 돈이 생길 것이다.

지금 어려운 상황이나 고통스러운 사건에 직면하고 있는가? 그렇다면 그것에 대해 감사해 보자. 힘들었던 경험을 통해서 지혜를 얻게 되고, 이에 따라 더 감사하게 되면, 그 감사하는 행위 자체로 인하여 부정적인 경험이 긍정적인 경험으로 승화될 것이다. 우리가 감사를 표현하게 되면, 자연스럽게 우리에게 감사하는 사람과 그러한 상황을 만나게 될 것이다. 이것이 바로 감사의 마법이다.

감사는 우리의 마음을 기쁨으로 가득 채울 것이고, 우리는 진실을 보게 될 것이다. 우리는 올바른 결정을 하고 적절한 행동을 할 수 있는 능력을 갖추게 된다. 감사하는 마음을 가지게 될 때, 우리는 만나는 모든 사람에게 최선을 다하게 되고, 또한 그들에게 최선을 다하게 될 것이다.

감사는 신에게로 나아가는 관문이다. 감사하는 마음은 열린 마음이요, 신과 연결될 때까지 끊임없이 우리를 더 높은 곳으로 이끌어 줄 것이다.

몇 년 전 나는 캘리포니아 북부 샤스타산으로 여행을 떠난 적이 있다. 그곳에서 더 높은 자아를 발견하고 자연과 깊은 교감을 나누기 위함이었다. 긴 시간 운전하는 동안에서 사랑과 감사의 마음으로 나의 높은 자아에 집중하려고 했다. 나는 머리 바로 윗부분에 집중하면서 매일 모든 순간에 나를 안내하고 보호해주는 나의 사랑하는 일부분에 사랑과 감사의 마음을 전했다.

소나무 숲으로 울창한 샤스타산의 아름다움에 깊이 빠져들면서, 여행의 마지막 시간에 나의 높은 자아가 내려와 샤스타산이 사랑하는 팔로 나를 감싸고 있음을 느끼게 되었다. 나를 감싸고 있다는 것을 느낄 때 전적으로 사랑받는 나 자신을 느낄 수 있었다. 이것은 지적인 관념이 아니라 역동적인 움직임이었다. 나는 실제로 내 몸의 모든 세포가 사랑으로 나를 감싸고 있다고 느꼈다. 이 행복한 느낌이 나를 정화하고, 성스러운 결합으로 온전히 하나가 된 느낌이었다. 나는 사랑하는 사람의 팔에 안겨있음을 알았다.

이 순간, 나는 오랜 세월 동안 모든 신비주의자가 "나는 결코 혼자가 아니다."라고 말했던 것의 의미를 이해할 수 있었다. 우리는 모두 신성한 존재와 연결되어 있다. 우리가 분리되어 있다는 모든 생각은 환상에 지나지 않는다. 사랑과 감사는 연결되어 있다.

이와 같은 영적인 교감은 내가 경험했던 가장 영광스러운 것이었다. 어두움이 깊이 드리워진 한밤중, 나는 잠에서 깨어나서 나의 존재가 바로 그곳에 있는지 깊이 집중하여 확인하곤 했다. 물론 나는 그곳에 있었고, 다시금 편안한 마음으로 잠들곤 했다.

이와 같은 영적인 교감을 계속 유지하면서도 나는 성급히 어디론가 가야겠다고 생각했다. 그 순간 "서두르지 말고 천천히 시간에 맞추어서"라는 음성이 내 귀에 들리는 듯했다. 이 음성은 내가 미리 짜놓은 스케줄에 늘 쫓겨 서둘러 무엇인가를 해야 한다는 예전의 내면의 목소리와는 전혀 다른 음성이었다. 나는 긴장을 풀고 새롭게 주어진 삶의 방식을 따라 부드럽고 여유 있게 나의 삶이 인도되도록 내맡겼다. 이렇게 서두르지 않았음에도 항상 알맞은 시간에 가야 할 곳에 도착해 있었다. 그러면서 과도한 노력을 하지 않고도 나의 삶은 마치 마법과 같이 펼쳐지고 동시에 아주 놀라운 사건으로 채워졌다. 나에게 필요한 모든 것이 주어지는 매력적인 삶을 누리는 것 같았다. 지속적으로 사랑과 감사를 표현하면서 높은 자아로 나아가려는 나의 의식적인 선택은 미래의 문을 활짝 열어주는 열쇠였다.

우리가 삶을 어떻게 살아야 할 것인가는 언제나 우리의 선택에 달려 있다. 감사하는 삶을 유지하려는 선택을 통해서 우리는 행복하고 건강하며 성공적인 삶을 살 수 있다.

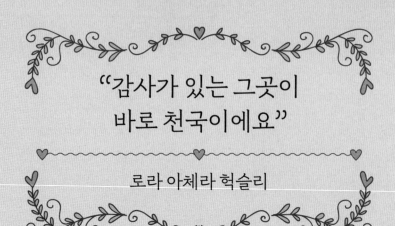

"감사가 있는 그곳이 바로 천국이에요"

로라 아체라 헉슬리

로라 아체라 헉슬리는 이탈리아에서 태어나 콘서트 바이올리니스트로 미국에서 활동하면서 1956년 올더스 헉슬리와 결혼했다. 대표 저서로는 《당신은 표적이 아니다》를 포함하여 《그의 영원한 순간》, 《올더스 헉슬리의 개인적인 견해》, 《천국과 지구 사이》, 《하루에 하나씩 행복해야 하는 이유》 등이 있으며, 피에로 페루치와 《꿈의 아이》를 함께 썼다.

신비주의 시인인 윌리엄 블레이크는 "감사가 있는 그곳이 바로 천국이에요."라고 감사의 본질을 표현했다.

감사는 태어날 때부터 시작되어 우리가 느끼는 삶의 필수적인 부분이다. 한 생명이 태어나는 것은 기적이기에 기쁨과 감사로 맞이해야 한다. 그러나 안타깝게도 출생의 순간을 항상 기쁨과 감사로 맞이하는 것은 아니다. 종종 두려움과 무의식 상태에서 한 생명의 태어나기도 한다. 육체적 생명 만큼이나 심리적 재탄생으로 인해 놀라움을 경험하기도 한다. 말하자면 몸속 세포가 죽어도 계속해서 새로운 세포로 다시 태어난다는 심리적 사실 말이다. 종종 "다시 태어남(거듭남)"은 고대 사회의 엄격한 구속으로부터 자유로운 상태가 되는 것이다. "다시 태어남(거듭남)"
은 삶이 끊임없이 새로워지고, 기대하지 않았던 많은 가능성들의
경이로움을 나타낸다.

《당신 꿈속의 자식들》이라는 책에서 피에로 페루치와 나는
모든 연령대에서 경험할 수 있는 이상적인 탄생에 대한 안내 이
미지를 제시했다. 중단 없이 자신만의 이상적인 탄생을 생각하기
위해서는 조용한 장소를 선택하라. 사랑과 감사의 마음으로 자신
을 격려하면서 명상한 것을 자신의 목소리로 녹음하는 것도 좋
은 생각이다. 먼저 시작하기 전에 깊고 천천히 여러 차례 호흡한
다. 호흡할 때마다 그 어떤 것과도 접촉하지 않은 당신 자신에게
가까이 다가가도록 집중한다. 인생의 드라마가 남긴 어떤 흔적도
없는 곳으로 말이다. 바로 그곳에서는 모든 것이 가능하다. 터무
니없는 상상을 할 수도 없고, 모든 일이 처음 경험한 것처럼 생소
하게 느껴질 것이다.

나만의 이상적인 탄생을 만들자
눈을 감고 긴장을 푼 다음, 당신이 태어날 장소를 마음속에
생생하게 떠올린다. 이곳을 바라보고 향기를 맡으며 현재의 몸
과 마음의 모든 짐을 내려놓는다. 당신은 새롭게 태어나 아주 민
감한 상태이다. 사랑과 감사가 당신을 둘러싼 환경을 통해서 살

아서 움직이고 있음을 느끼게 될 것이다. 이 탄생에서 깊고 자연스러운 평화를 느낀다. 그리고 당신이 사랑하는 사람과 존경하는 모든 것이 현실 속에서 또는 상상 속에서 당신을 감싸고 있다고 느낄 것이다. 모든 피조물이 당신을 환영하려고 준비하고 있다. 당신이 가장 좋아하는 꽃이 앞에 놓여 있고. 그 꽃의 아름다움과 향기가 코에 느껴진다. 그 꽃들이 이렇게 말하기 시작한다. "어서와! (자신의 이름) 네가 태어나서 정말 아주 고마워. 환영해. 사랑해. 이 멋진 세상으로, 꽃들의 세상으로 어서 와!"

이제 모든 피조물을 관찰하자. 그들은 자신의 언어로 당신을 환영한다. 당신이 좋아하는 동물의 세계로 오는 것도 환영한다. 강아지가 부드러운 혀로 당신을 핥아주며, 돌고래는 놀라울 정도로 공중돌기를 보여주고, 나비는 격렬하게 날개를 흔들면서 당신을 환영한다. 동물들은 "나는 당신이 태어난 것을 환영해요. 이 세상은 당신을 환영해요."라고 이구동성으로 외친다.

당신은 우주 전체에서 반짝이는 별들을 볼 수 있다. 이 별들도 당신에게 말한다. "환영합니다. 당신이 태어나서 감사합니다. 별들의 세상으로 오신 것을 환영합니다." 당신은 당신을 존경하고 환영하는 세상으로 들어가고 있음을 느낀다. 온 세상이 당신을 포근하게 감싸면서 감사를 표현하는 것을 깊이 느껴보자. 당신은 깊이 숨을 쉬면서 감사가 온몸을 순환하고 있음을 느낀다.

당신은 아름다운 일을 많이 할 수 있고, 다른 사람들에게 사랑을 전하고 감사를 불러일으킬 수 있는 세상에 입장하면서 기쁨을 느낀다.

　이번에는 화가, 철학자, 시인 등 역사상 실존했던 위대한 인물들을 생각해 보자. 당신이 가장 좋아하는 사람들이 이곳에 모여 당신이 이곳에 합류한 사실을 축하해준다고 가정해 보자. 그들의 위대한 사상에도 또한 감사함이 있다. 아름다움, 지성, 사랑이 당신이 태어난 것을 감사히 여긴다. 당신은 기적이며 모두가 당신에게 그것을 말하려고 이곳에 왔다. 수백만 년의 진화 과정을 통해 잠재력을 가진 고귀하고 신성한 당신을 만들었다. 식물과 꽃, 동물과 사람 모두 당신에게 이 말을 상기시켜 말해주려고 여기에 있다. "당신은 고귀하고, 아름답습니다. 당신이 이 세상에 태어나서 감사합니다." 그리고 이 탄생으로 기쁨이 생겨난다. 웃는 얼굴, 웃는 꽃, 웃는 생명체들이 당신의 주변에서 춤추는 것을 볼 수 있다. 그리고 모든 피조물이 기뻐하고 당신에게 감사하고 있다.

　당신은 모든 사람이 돌보고 있는 세상, 주고받는 것이 숨 쉬는 것처럼 자연스러운 세상에 들어온 것이다. 당신은 지금 이 새로운 세상에 감사하고 있다. 이 감사가 당신 마음속 깊이 스며들고, 당신 안에서 흘러 당신의 피와 하나가 되고 있다. 당신의 영

혼과 몸은 "감사가 있는 그곳이 바로 천국이에요."라는 말을 알고
있다.

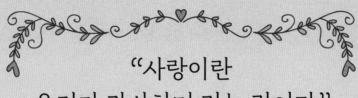

"사랑이란
우리가 감사하며 걷는 길이다."
기적 수업

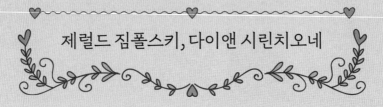

제럴드 집폴스키, 다이앤 시린치오네

제럴드 집폴스키 박사와 다이앤 시린치오네는 결혼하여 캘리포니아 티뷰론에 살고 있다. 제럴드는 정신과 의사이자 '태도 치유 센터'의 설립자이며, 다이앤은 기업과 개인 비즈니스 분야에서 25년의 경력을 쌓은 기업가다. 이 부부는 우리 삶의 모든 측면에서 영적 원리를 활용하여 마음의 평화를 얻는 방법을 알려주는 책 《웨이크업 콜즈》의 공동 저자다. 이들의 철학은 《기적 수업》의 개념을 기초로 저술되었다.

"사랑이란 우리가 감사하며 걷는 길이다."라는 말은《기적 수업》에서 인용한 내용이다. 이것은 걸으면서 명상하다가 문득 떠오른 문구다. 우리 부부는 한 걸음씩 걸을 때마다 사랑이란 감사하며 걷는 길임을 되새긴다. 이때 우리는 사랑이 얼마나 아름답고 평화로운지 깨닫게 된다.

마이스터 에크하르트로부터 우리가 인용한 가장 좋아하는 구절은 다음과 같이 표현된 기도문이다. "당신에게 감사합니다" 이것은 하나님이 우리에게 일어난 모든 일을 통해서 무엇인가 배우도록 한다는 깊은 신념에 뿌리를 두고 있다. 우리에게 일어난 일들이 어떠하든 간에, 그것을 해석하기보다는 축복으로 받아들일 때, 우리의 삶은 더욱더 평화로울 것이다. 우리가 마음속으로 "당신에게 감사합니다."라고 생각하고, 실제로 "당신에게 감사합니다."라고 말하면서 살아간다면, 우리의 삶에서 힘들었던 두려움은 사라지고, 순수한 사랑이 다시 회복될 것이다.

현재의 세상에서 우리의 존재를 승화시켜 사랑으로 가득 찬 하나님의 세상을 선택하면 "감사합니다."라는 말은 우리의 삶의 방식이 될 것이다. 현실에서 우리에게 일어나는 모든 일들이 어떤 형태로 제한되지 않는 세상에서 '하나님의 사랑'이라는 신념 체계를 선택하는 새로운 기회가 될 것이다.

사랑 앞에 무릎 꿇고, 하나님께 머리를 조아리면서 우리는 매일 매일 감사하면서 세상을 경험할 수 있다. 만일 하나님과 세상 모든 사람에게 "감사합니다."라고 말만 한다고 하자. 과연 어떤 세상이 펼쳐지게 될까. 상상해 보자. 매 순간 우리가 모든 사람을 향해서 사랑과 감사를 표현한다면, 어둠은 사라지고 더욱더 환해지는 세상이 다가올 것이다.

근원적 존재로부터 지속적으로 주어지는 사랑에 보답할 방법을 배우게 되면, 세상은 얼마나 빠르게 변화할까? 우선 모든 사람의 얼굴에서 신의 얼굴을 발견할 수 있을 것이며, 우리 모두 하나의 근원에서 만들어진 존재인 것을 알아차리면 창조주인 하나

님에게 얼마나 큰 감사를 할 수 있을까?. 남편인 제리는 오래전
우리가 아침에 해야 할 기도에 대하여 다음과 같은시를 지었다.

당신께 감사드리며

나의 심장이 뛰고 있네.
우리 모두의 곁을
가슴을 뜨겁게 하는 간절함으로.
나의 숨결은 오직 당신 것.
나의 마음은 영원히 불타오르는 당신의 사랑.

나의 영혼은 당신 것, 세상을 비추는 빛.
나의 눈은 빛을 뿜어내며
우리의 완전한 사랑을 비추네.
나의 본질은
아직 들리지 않는 조화로운 음악과 같이
당신과 함께 심장을 뛰게 하네.

당신 것인 나의 비전은 오직 축복할 뿐
나의 기도는
당신이 내 안에, 내 안에 당신이 있고
내가 영원히 당신의 은혜 안에 살고 있음을
영원토록 감사하며 노래하네.

풍요로움을 바라보기

수잔 제퍼스 박사

수잔 제퍼스 박사는 수백만 명의 사람들이 두려움을 극복하고 자신감과 사랑하는 삶으로 나아가도록 도움을 주었다. 대표 저서로는 《두려움을 느끼고 어떻게든 해내라》, 《인간에게 마음을 열라》, 《힘과 사랑의 생각》, 《투쟁을 끝내고 삶과 춤을 춰라》 등이 있다. 베스트셀러 작가인 수잔은 인기 있는 워크숍 리더이자 대중 연설가이며 수많은 라디오와 TV 쇼에 출연했다. 또한 두려움, 관계, 개인적 성장에 관한 오디오 카세트도 다수 제작했다.

뉴욕에서 빈곤 구제 활동에 참여했을 때 내가 크게 깨달은 것이 있다. 물질적인 소유가 매우 적은 사람들은 항상 감사하는 마음을 지니고 있었다. 이들은 무엇 때문에 감사하고 있을까? 그들은 살아있음에 감사하고, 식탁에 먹을 양식이 있다는 것만으로도 감사했다. 태양이 비추는 날의 아름다움을 즐기고, 건강, 친구, 가족이 있을 뿐 아니라 지역 사회에 도움이 되는 존재 중에 하나라는 사실에 늘 감사했다.

동시에 놀란 일이 또 하나 있다. 물질적으로 많은 것을 소유한 사람들은 감사하는 데 인색했다. 여러분들이 이들 중 누가 더 행복한가를 물어본다면, 나는 주저하지 않고 감사하는 마음을 가진 가난한 사람들이라고 말할 것이다.

여기에서 말하고자 하는 것은 매우 단순하다.

우리가 풍요로움에 시선을 두면
우리의 삶은 풍요로워지고,
결핍에 시선을 집중하면
우리의 삶은 부족함을 느끼게 된다.
이것은 우리가 어디에 시선을 집중하는가에 관한
문제일 뿐이다.

삶에 있어서 고통이 존재한다는 것은 부정할 수 없는 사실이
다. 고통은 우리의 신체적, 정서적인 건강에 심한 손상을 입히고
있다. 그리고 다음과 같은 사실도 중요하다.

우리 삶에 있어서
풍요로움이 있다는 것을 부정할 수 없다.

나는 여러분이 《풍요로움의 책》을 만들어 볼 것을 제안한다.
매일 잠자리에 들기 전에 오늘 하루 일어난 놀라운 일을 적어도
50개 정도 적어보도록 한다. "수잔 50가지나요? 나는 3개 기록하
기도 어려운데……." 분명히 말씀드리자면, 여러분은 삶에서 주

어진 축복을 전혀 주목하지 않고 있다. 이러한 훈련의 목적은 여러분에게 주어진 축복에 집중할 수 있도록 돕는 것이다. 다음에 제시한 축복의 목록들을 살펴보라.

차의 시동이 걸렸다. / 나는 걸을 수 있다. / 먹을 수 있는 음식이 있다. / 누군가 나를 칭찬해 주었다. / 우리 아이들이 오늘 얌전하게 지냈다. / 태양이 내 얼굴을 따스하게 감싸준다. / 내 친구와 이야기꽃을 피웠다./ 꽃이 만개하기 시작했다. / 샤워 꼭지에서 따스한 물이 나온다./ 숨을 쉬고 있다./ 태양이 모습을 드러냈다.

《풍요로움의 책》에 있는 목록이 그다지 화려할 필요는 없다. 오히려 평범한 것이 더욱 좋다. 이 말을 깊이 명심하자. 화려한 것에만 집중하게 되면, 우리의 삶 대부분은 어두침침해 보일 것이다. 그러나 우리의 삶은 절대로 어둡지 않다. 예를 들면 지금 깊이 숨을 들이마시고 내쉬어 보라. 이 자체만으로도 놀랍고 믿을 수 없는 일이 아닐까?

처음에는 감사할 일을 50가지 찾는 데 참으로 오랜 시간이 걸릴 수 있다. 그러나 머지않아 여러분의 노트에 축복의 내용들이 차고 넘치게 될 것이다. 왜냐하면 여러분은 하루 종일 축복의 내용을 채우기 위해서 감사할 일을 찾다가 그날 밤까지 새로운 사실을 추가하고 또 추가하게 될 것이기 때문이다. 그리고 여러분은 감사할 일을 찾아낼 것이다. 이러한 과정이 여러분에게 허용되는 삶의 유익은 다음과 같이 확실하게 드러날 것이다.

당신이 좋은 것을 찾게 되면
당신은 자연스럽게 나쁜 것을 멀리하게 될 것이다.
그리고 당신은 축복받은 존재임을 느끼게 될 것이다.

여러분이 풍요로움에 시선을 집중하는 습관을 갖게 되면, 삶이 어떻게 바뀌게 될까?

나는 어머니가 마지막 호흡을 거두기 전, 매우 춥고 두려움이 엄습했던 겨울에 어머니 집 거실에서 함께 앉아 있던 그날이 기억난다. 어머니는 자신이 매우 고통스러운 상태에서 쇠약해지고 있다는 사실을 알고 있었다. 어머니의 고통을 내 것으로 받아들이며 공감했었던 그때, 어머니는 나를 바라보면서 다음과 같이 말씀하셨다. "바깥 날씨가 참으로 추운가 보네. 그런데 여기 방안은 따스하고 아늑하구나! 내 딸이 지금 나와 같이 있으니. 나는 참 운이 좋다!"

와! 나는 어머니의 고통에 시선을 집중하고 있었다. 어머니는 당신이 누리고 있는 축복에 시선을 집중했다. 감사합니다. 어

머니! 어머니를 통해서 얻은 멋진 가르침을 평생 교훈으로 간직
할게요.

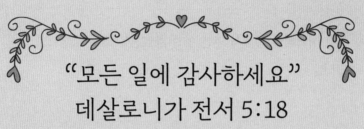

"모든 일에 감사하세요"
데살로니가 전서 5:18

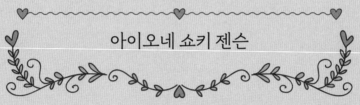

아이오네 쇼키 젠슨

아이오네 쇼키 젠슨은 교육, 심리학, 상담학 학위를 보유한 교사이자 상담사, 꿈 치료사이다. 그녀는《혼자 사는 여성: 즐겁고 충만한 삶 만들기》의 공동 저자(줄리 킨과 공동 집필)이며, 자비 출판 도서인《내면의 아이에게 힘을 실어주기: 21세기를 위한 교육과 육아》의 저자이기도 하다. 지난 몇 년간 아이오네 쇼키 젠슨은 워크숍과 영성 상담을 진행해 왔다. 그녀는 아이다호 주의 헤이든 레이크에 있는 피정 커뮤니티인 홀로 센터의 공동 설립자다.

감사의 개념을 배우고 이해하는 것은 평생 내가 해오던 일이었다. 살아온 나날이 힘들었고 재물도 많지 않았지만 지금 소유한 것에 감사하면, 신께서 부족한 나머지 부분을 채워주실 것이라고 믿는 가정에서 태어난 행복한 사람이다. 물론 우리에게는 항상 필요한 것 외에 나눌 수 있는 것이 조금 더 있었다.

내가 가지고 있는 감사에 관한 생각과 이해는 오랜 시간을 통해서 성장하고 확장되었다. 어린 시절 일요일 아침에 부모님과 함께 예배에 참석하였을 때, 성경에서 다음과 같은 말씀을 자주 들었다. "범사에 감사하라!" 이때 어린 나는 이렇게 답했다. "네, 나의 삶에 일어난 모든 선한 일에 감사합니다." 청년기를 지나면서 때때로 이와 같은 말은 내 의식 속에서 반복적으로 재생되었으며, 수많은 명확한 일들에 감사하는 법을 배웠다. 나는 받은 선물, 베풀어진 친절, 예기치 않게 교육받은 기회, 살아가는 과정에서 내가 경험했던 좋은 시간과 친구들에 대해서 감사를 표현했다.

젊은 농부의 아내로서 나는 더운 여름날 메말라 가는 농작물에 필요한 수분을 공급하기 위해 내린 시원한 비처럼 놀랍고도 단순한 일에 감사하는 법을 배웠다. 그러던 어느 해, 천둥과 우박이 내리면서 옥수수 농사를 망쳤을 때, 비록 보상이 충분하지는 않았지만 계약했던 보험 덕분에 한 해 더 농사를 지을 수 있게 된 것에 감사했다.

젊은 엄마로서 인생의 소중한 선물인 아이들을 얻은 것에 대해서 기쁜 마음으로 무한한 감사를 표현하는 것이 가능했다. 자녀들을 돌보고, 그들이 성장하는 것을 바라보고, 결국 아름다운 인간으로 성장하게 되었을 때, 감사의 마음이 내 마음속에 흘러넘쳤다. 내 삶은 따뜻함과 친밀한 가족으로 인해 감사의 순간으로 가득 찼다. 내 삶에서 감사할 일들이 너무 많아 고마웠으며 나에게 주어진 축복을 헤아려 볼수록 성심을 다해 감사의 기도를 하곤 했다.

교육자로서 내가 하는 일에 큰 자부심과 기쁨을 느끼며, 내가 좋아하는 일, 세상을 변화시킬 수 있는 일을 할 수 있음에 늘 감사했다. 나는 수많은 어린아이의 마음을 어루만질 수 있고, 아이들로부터 충분한 사랑을 받아 무한한 기회를 수없이 가질 수 있다는 사실에 감사했다. 참으로 축복을 받았다고 느꼈다.

"범사에 감사하라!" 그런데 21년 전 어느 날, 서점을 둘러보다가 흥미로운 제목의 책 한 권이 내 눈에 들어왔다. 그것은 멀린 캐로더스가 쓴 《감옥에서 찬양으로》라는 책이었는데 아주 흥미로운 아이디어를 소개하고 있었다. 이 책에서 범사에 감사한다는 말은 모든 일 즉, 좋은 일과 나쁜 일 모두에 감사해야 한다는 것을 의미했다. 이것은 나에게 생소한 개념이었지만, 제시되는 사례는 매우 확신에 차 있었다. 그래서 나도 그의 주장대로 실천에 옮기기로 결심했다. 그리고 아주 놀랍게도 감사에 대한 새로운 차원을 발견하게 되었으며, 심지어 나쁜 일이 있었을 때도 감사함에 놀라운 능력을 알게 되었다.

일이 잘 진행되지 않았을 때 감사를 표현하는 것은 매우 힘들었지만 그래도 감사를 표현했을 때 일어난 결과 때문에 나는 놀랄 수밖에 없었다. "하나님의 백성의 찬양 가운데 하나님께서 거하신다."라는 성경 말씀은 내가 감사하면 새로운 에너지가 생겨나 상황을 바꿀 뿐 아니라 나를 둘러싼 세상이 어떠하던 간에 이를 극복할 힘과 능력을 내게 준다는 것을 상기시켰다. 결국 부정적인 상황으로 보여지는 것들이 나를 새로운 방향으로 나아가도록 하는 결정적인 계기가 되었다는 것을 알게 되었다. 가끔 돌이켜 보면, 그와 같은 부정적 상황들이 축복을 가장한 상태로 나에게 다가와서 나 자신을 더욱 깊고 의미 있는 곳을 인도했다는 사실을 분명하게 확인할 수 있었다.

감사에 대한 놀라운 측면을 깨닫게 된 이후 나는 여러 해 동안 잠에서 깨어날 때마다 새로운 날이 주어짐에 감사함을 느꼈다. 이 감사 실천을 통해서, 나를 둘러싼 모든 축복을 찾으면서 나의 삶은 기대하는 나날로 채워지고, 동시에 매일매일 놀라운 축복이 화려하게 펼쳐지고 있음을 알게 되었다. 매일 아침, 나는 영혼 바깥에서 나를 감싸고 있는 몸을 축복한다. 나의 몸은 나 자신을 잘 섬기고, 내 인생에서 배워야 할 것과 기쁨을 누릴 수 있도록 이끌어 준다. 나의 몸과 내가 즐거운 마음으로 우정을 돈독히 하고, 협력하고 있음에 감사한다. 수년 전부터, 나는 일간신문에 보도되는 사건들을 기도 대상으로 삼았으며, 그 사건에 언급되는 사람들을 위해 기도하기 시작했다. 그러던 중에 나는 내 삶에 감사하고 있음을 알게 되었다.

나는 수년 동안 꿈에 빠져 있던 학생이었다. 때때로 정신이 상식을 벗어나기도 했다. 그러나 내 마음에 떠오르는 한두 문장의 강력한 메시지로 정신을 차리곤 했다. 이런 일이 있을 때면 나는 잊어버리지 않으려고 떠오른 문장을 즉시 기록하곤 했다. 어느 날 "감사하는 태도로 하루를 살아가라!"라는 내면의 소리로 인해 잠에서 깨어났다. 이 문장에 담긴 의미를 곰곰이 생각해 보니 감사란 정서적 혹은 느낌 그 이상으로 의식적인 행동이 될 수 있음을 깨닫게 되었다. 감사는 선택된 삶의 방식이 될 수 있다.

"범사에 감사하라!" 이제는 바닷가에서 태양이 저무는 광경을 보면서 또는 질병에 걸리거나 혼란한 시기에 깨달음을 얻는 과정에서도 마찬가지로 경외심을 느끼기도 한다. 어떻게 손 쓸 수 없을 정도로 내 아이가 질병으로 생명을 위협받는 고통을 겪었을 때도 감사하려고 노력했다. 아이의 발병이 나에게 주는 교훈과 의미를 온전히 깨닫지 못한다고 해도, 하나님께서 정하신 질서에 대해 흔들리지 않는 믿음으로 감사할 수 있었다. 나는 사랑하는 사람들과 지속적인 관계를 맺을 수 있음에 감사하며, 나와 의견이 일치되지 않거나 관계가 멀어지는 순간에도 마찬가지로 배울 수 있는 교훈에 감사한다. 그 상황이 분별할 수 있는 통찰력을 지닐 수 있도록 나에게 거울과 같은 역할을 해주는 것에 감사한다. 내가 살아가는 데 있어서 감사의 능력을 발견할 수 있음에 진심으로 감사하며, 나는 계속해서 항상 범사에 감사할 것이다.

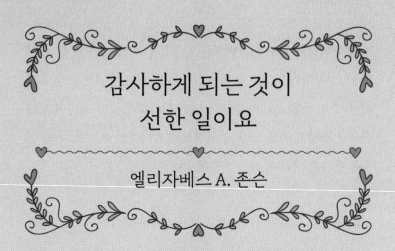

감사하게 되는 것이
선한 일이요

엘리자베스 A. 존슨

엘리자베스 A. 존슨은《누군가가 죽으면: 산 자를 위한 핸드북》의 저자이며 루시아 카파치오네와 공동 저술한《몸을 밝게, 삶을 밝게》의 공동 저자다. 그녀는 미국 전역에서 음악, 무용, 연극 공연을 기획했으며, 수많은 교육 예술 프로그램을 홍보하고 있다. 오랫동안 동서양 철학과 운동을 연구해온 엘리자베스는 공인 태극권 강사이자 재즈와 탭댄스 댄서다.

나는

눈을 좋아하지 않는다.

차갑고 습한 바람은

나를 흥분시키지도

열광시키지도 않는다.

혹독한 겨울의 영광을

기쁨으로 찬양하는 것은

나에겐

거짓을 노래하게 하는 것이다.

하지만

신부가 입은 옷의 레이스처럼 커다란 나뭇가지에 매달린 하얀 눈송이에 보름달이 보낸 한줄기 밝은 빛이 반사되는 순간, 이 얼마나 우아한 영광이며 고요함의 평온함인가!

한겨울의 고요함이 깊이 깃든 밤, 땅 위에 있는 것과 땅 아래에 있는 것이 완벽하게 하나가 되어 내 심장을 부풀게 하고, 나는 심오한 아름다움, 더욱 심오해지는 적막함, 그리고 모든 것이 완전히 하나 됨에 감격하여 눈물을 흘린다. 하나님께 감사드린다.

나는
온도계의 눈금이 0도를 가리키고
얼어버린 눈 위에서
차와 발이
미끄러지고 넘어지는 것을
특별하게 기뻐하지 않는다.

그리고 여전히

그래도 내 차인 뷰티 블루와 다이 하드 롱 라이프 배터리를 생산해준 훌륭한 분들께 감사한다. 또한 차량 난방 시스템을 발명한 모든 분께도 진심으로, 믿을 수 없을 정도로 진심으로, 진정 진심으로 감사한다. 춤을 출 때 같은 동작으로 따라 탭댄스 박자

를 맞추는 내 발에 감사하고, 스튜디오 문 앞에 쌓인 얼음을 걷어
내고, 준비운동을 위하여 옷을 입는 댄서들이 따뜻하기를 기도한
다. 나는 모든 일에 대하여 태극권에 감사한다.

내 영혼은
축축해진 손 장갑, 차디찬 바람으로 눈이 시리고
너무 추워 얼어버린 귀, 발개진 코,
얼음처럼 굳어버린 손과 발,
고드름이 주렁주렁 매달린 머리카락
밤새 차에 놔두고 온 장갑들 때문에
기쁜 마음으로 춤을 출 수가 없다.

그리고 또한

마음을 다해서 진심으로 감사한다. 수프, 포근한 슬리퍼, 커
다란 목욕 가운, 귀마개, 손뼉을 치며 노래하는 가스펠 합창단, 태
양, 봄꽃 포푸리, 솜이불, 잠에서 깨어난 뒤 잠깐만이라도 더 자도
록 도와주는 스누즈 알람, 뜨거운 물, 벽난로, 맑고 푸른 하늘, 빨
간 양말, 옷을 겹겹이 껴입을 수 있도록 떠오른 생각, 태양, 두터
운 홑이불, 쌓인 눈 위를 걷고 있는 강아지와 가만히 있는 고양이,
우유를 곁들인 따뜻한 차, 다리를 따스하게 감싸주는 워머, 커다
란 스웨터를 입은 친구, 태양, 자신의 털을 나누는 양, 눈사람, 새

로 맞이한 겨울에 머리를 다듬은 헤어 디자이너와 레이디 클레어 롤, 태양, 각양각색의 눈옷을 입고 아장아장 걷고 있는 유아들, 뜨거운 야자수, 부츠, 다양한 종류의 꽃, 그리고 오 나의 태양이여!

학교, 직장, 댄스 교실 등이 취소되고,
공항, 도로, 식료품점, 주유소가 폐쇄되어
나의 삶의 일부가 정지되었을 때도
나는 두려울 정도로
공포에 떨지 않았다.
눈, 눈, 삽, 눈
아주 작은 눈송이들!

그래서

내 천사 아우리엘 로즈는 키득키득 웃는다. 운전하면서 창문 쪽으로 시선을 돌려, 눈을 손에 들고 날리는 십대들과 힙 부츠를 신고 자신이 갈 길을 정리하는 집배원을 보았을 때도 감사한다. 나는 분명하고도 큰 소리로 노래하며 낄낄대고 웃는다. 나는 하나님이 웃는 것을 좋아한다는 사실을 알고 있다. 그래서 부엌에 앉아 수정처럼 반짝이는 무지개를 바라본다. 오늘은 할 일이 없다. 눈이 하염없이 내리고 있다. 그래서 가야 할 곳도 없다. 오늘 할 일이 없다. 와! 멋진 말이다. 참으로 운이 좋다! 오늘 할 일이 없다니. 그래서 나는 오늘 있어야 할 일을 생각한다. 오늘 생각해야 할 많은 일에 대하여 생각해 본다. 과거-현재-미래를. 연계되는 모든 일들. 크고 작든 사랑스러운 일들. 우주적인 일과 나에 대한 일들. 뉴욕 북부, 크리스텐슈타드, 세인트 크루아에 관한 것들. 행복한 것들, 반성하는 것들. 모두 감사합니다. 감사합니다. 당신에게 감사합니다.

나의 자매여! 하늘에는 달이 높이 떠서 찬란한 빛을 발할 때, 아우리엘 로즈와 나는 밖으로 나가 눈으로 완벽한 천사를 만들 것이다. 당신이 기록하게 될 아주 놀라운 겨울 감사 노트가 만들어질 것이다.

그러면 모든 사람이 우리가 감사하는 모습을 보게 될 것이고, 그것이 얼마나 기쁜 일인지 알게 될 것이다.

멋진 나날들

페트리스 카스트

패트리스 카스트는《신은 쉽게 만드셨다》의 저자다. 그녀는 평생 작가이자 영적 구도자로 살아왔다. 그녀는 청중들이 어떤 형태로 편안하게 느끼든 간에 하나님을 자신들의 삶에 끌어들이는 놀라움에 대하여 말하고 있다. 그녀는 아들과 함께 로스앤젤레스 해변에 살고 있다. 아들 엘리야와 함께 하이킹과 아이스크림 파티를 즐기며 별똥별을 바라보는 것을 즐긴다.

나는 아이 엄마로서 종종 "불쌍한 나" 증후군으로 고통받을 때가 있다. 나의 경험 중 정서적, 신체적 그리고 영적으로 가장 큰 도전은 혼자 아이를 키운다는 점이다. 외로움, 두려움, 지루함, 그리고 피곤함이 쌓였을 때, 흔히 늙었다고 생각할 수 있겠다. 지구상의 60억 명 영혼과 비교했을 때 내가 더 매력적인 삶을 살고 있다고 수없이 되뇌었을지라도, 내가 간절히 원했던 평화스러운 상태를 누리지 못하고 있음을 최근에야 깨달았다.

그래서 나는 무언가 계획을 세워 전쟁 같은 삶에서 벗어나고자 했다. 우선 매일 밤 잠들기 전에 오늘 하루 일어난 일에 대하여 하나님께 감사하는 것을 의식처럼 반복했다. 그런데 얼마 못

가서 기적이 일어났다. 하루 종일 내가 모든 일에 감사하며 지내게 된 것이다. 나에게 주어진 과제를 반드시 해결해야 한다는 생각에서 벗어나 감사하는 태도로 바꾸자 변화가 찾아왔다. 내 마음을 깊이 들여다보면 24시간 동안 얼마나 소중한 일들이 일어났는지 쉽게 파악할 수 있게 되었다.

산들바람을 타고 이웃집으로부터 들려오는 딸랑거리는 초인종 소리, 주유소 직원들의 얼굴에 가득한 미소, 마당에서 뛰어놀다가 나를 바라보고 달려오면서 "저 넓은 대양과 수많은 별과 달보다 더 많이 엄마를 사랑해"라며 말하는 아들 엘리의 음성처럼 평범한 순간에서도 나는 매일 밤 감사해야 할 일들이 아주 많음을 느낄 수 있었다.

"삶"이라는 여정이 아무리 나를 억압하고 두렵게 만든다고 해도 감사를 통해서 극복할 수 있다. 삶의 속도를 충분히 늦출 수 있다면, 수십만 개의 순간의 삶으로 이루어진 일상에서 그 순간들에 감동할 수 있는 사람이 된다. 감사할 수 있다면 나의 삶의 모든 순간이 얼마나 아름답고 놀라운지 깨달을 수 있다.

화창한 날 시원한 아이스티를 마시는 일을 시작으로 해서 밤새 아늑하고 편안하게 우리를 덮어주는 따스한 담요에 이르기까지 감사할 수 있다. 모든 일을 통해서 우리는 하나님의 사랑을 느끼고 맛볼 수 있음을 기억하길 바란다. 그리고 우리에게는 볼 수 있는 눈과 들을 수 있는 귀가 있기에 우리 주변에서 기적이 춤추고 있다는 사실에 주목하기를 희망한다.

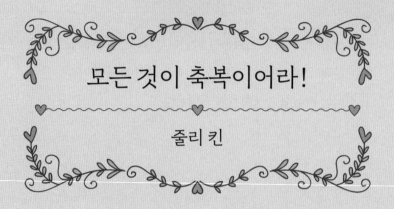

모든 것이 축복이어라!

줄리 킨

줄리 킨은 전 미시간주 페리스 주립대학교 교수를 역임했으며 유니티 교회의 목사로 사역하고 있다. 그녀는 아이온 젠슨과 공동으로 《여성 혼자서: 기쁘고 충만한 삶을 창조하기》를 집필했으며, 《드라마에서 교향곡으로》라는 자서전적인 작품도 썼다. 그녀는 현재 플로리다주 게인즈빌에서 영적, 심리적 성장에 초점을 맞춘 워크숍을 진행하며 살고 있다.

감사와 신뢰는 서로 밀접한 연관이 있다. 나의 삶에서 모든 사람과 모든 일에 감사하기 위해서 우주가 의미 있다는 것을 믿어야 한다. 살면서 내 영혼이 경험했던 모든 일들이 나의 궁극적인 지고선至高善을 위한 것이었다는 사실과 내가 설령 실패했을지라도 그 안에 배울 것이 있다는 것도 믿어야 한다. 내 삶을 있는 그대로 축복하기 위해서 나는 최선의 노력을 한다. 가끔 키플링의 시 중 한 구절이 떠오른다. "당신이 승리와 재앙에 모두 직면했을 때, 이 두 가지 사건을 같은 것으로 여겨야 한다."

내가 지구학교에서 학생으로 지내면서 나의 영혼을 더욱 풍성하게 하는 수업 과목을 선택했다는 것을 알게 되었다. 이때 내 삶을 둘러싼 모든 환경을 쉽게 축복할 수 있었다. 물론 이러한 사실을 전혀 깨닫지 못했을 때, "왜 나는 이렇게 어려운 일을 선택했지?"라고 고민할 때도 있었다. 그러나 자기 연민과 분노에 대한 최고의 해독제는 우주의 궁극적 목적에 대한 감사와 신뢰다. 나는 감사하면서, 동시에 부정적 감정을 갖는 것이 불가능하다는 것을 알았다. 엘리자베스 퀴블러 로스는 "폭풍우가 몰아칠 때 당신이 협곡 앞에 방어막을 세우려고 한다면, 협곡에 새겨진 조각의 아름다움을 결코 볼 수 없을 것입니다. 인생에서 폭풍우와 같은 어려움을 겪지 않았다면, 인생의 아름다움을 결코 알 수 없었을 것입니다."라고 말했다. 나는 폭풍우를 통해서 오늘의 내 삶에 감사하고 축복하는 법을 배웠다.

지구학교에 도착했을 때 나는 몇 가지 도전적인 과제를 선정했다. 많은 경험을 통해서 축복하는 법을 배울 때까지 시간이 많이 흘렀다. 내가 이와 같은 경험을 통해서 축복하는 법을 배우기까지도 많은 시간이 흘렀다. 내가 도전적인 과제를 선택한 목적을 올바르게 이해하고, 감사했을 때 비로소 피해자라는 어두운 의식에서 벗어나 자유와 기쁨의 빛으로 빠져나올 수 있었다.

비록 내 출생 증명서에 '사생아'라고 도장이 찍혀있었지만, 하나님에게는 '사생아'가 없다는 사실을 알고 감사하게 되었다. 나는 내 안에 하나님이 살아계시고, 지구학교에 합법적으로 등록

하면서 열린 마음으로 내가 갖고 태어난 가치를 품을 수 있었다. 비록 어렸을 때, 신체적, 성적 학대를 경험했지만, 나의 영My Spirit 은 누구도 파괴할 수 없을 뿐 아니라 지구에 있는 그 어떤 것에 의해서도 해를 입을 수 없다는 사실을 알기에 감사했다. 비록 '실패'라는 관계를 경험했다 할지라도, 나는 모든 관계가 사랑과 용서를 실천할 기회, 더 깊은 수준에서 나에 대해 배울 독특한 기회를 얻었다는 사실에 감사한다. 나는 그러한 관계가 종료된 후에도 관계를 통해서 배울 수 있다는 사실에 감사한다.

나의 큰아들 리처드가 아홉 살의 나이로 세상을 떠났을 때, 세상의 모든 영혼이 지구를 떠나는 방법과 시기를 포함해서 지구학교에서의 경험을 선택했음을 알게 된 것에 감사한다. 현실에 있어서 죽음이 존재하지 않는다면, 영혼은 늙지 않고 영원하며, 사랑은 시간과 공간의 제약을 결코 알 수 없다. 둘째 아들 로버트는 두 살 때 뇌 손상으로 인하여 아파하다가 죽을 뻔했다. 그때 나는 엄마로서 아들과 함께 지구학교 수업에 참여했다는 사실만으로도 감사할 수 있었다. 나는 로버트가 살기 위해서 결사적으로 투쟁하는 것을 고통스러운 심정으로 곁에서 지켜보아야만 했다. 아들은 나에게 조건 없는 사랑을 원했고, 또 그 사랑을 나에게 가르쳐주었다. 이 얼마나 위대한 축복인가!

나의 삶을 돌이켜 보니, 나는 폭풍우가 새겨놓은 아름다운 조각품을 볼 수 있었다. 나는 내 영혼이 성장하는데 직면하게 될 현재와 미래의 도전을 신뢰한다. 내가 만난 사람들과 함께 경험할 수 있었던 모든 일로 인해 감사로 채워진 나의 마음을 발견한다. 왜냐하면 나는 그들을 통해 더욱 높은 목적 즉 하나님의 뜻을 이해하기 때문이다. 내 마음에는 우리 모두를 안아주고, 보호하고, 안내하고, 지탱해 주시는 하나님의 사랑에 대한 감사가 흘러넘쳐 흐르고 있다.

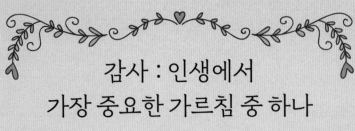

감사 : 인생에서
가장 중요한 가르침 중 하나

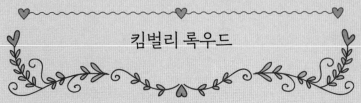

킴벌리 록우드

킴벌리 록우드는 삶에 대해 밝고 긍정적인 시각으로 영적인 길을 걷는 여행자로, 가족과 친구들에게 영감을 주는 롤모델이 되고 있다. 그녀는 배리와 브리트니에게 아내이자 어머니로서의 역할을 잘하고 있다는 사실에 감사하고 있다. 그녀는 자신이 성장하는 데 있어서 가족과 종교과학 교회가 중요한 촉매제 역할을 했다고 생각한다. 그녀는 캘리포니아 라코스타에 거주하고 있다.

감사는 인생에서 배워야 할 중요한 요소 중 하나다. 또한 우리가 세상에서 제일 처음 배울 수 있는 단순한 것 중 하나이기도 하다.

어렸을 때 감사하다고 말할 때는 부모님이 가르쳐주신 대로 말했을 뿐이다. 그 당시 진정한 감사를 느끼지는 못했다. 그것은 단지 부모님이 "그렇게 하는 것이 좋은 태도야"라고 했기 때문에 내가 감사했던 것이다.

'감사합니다.'라는 말을 성장 과정에서 실천에 옮겼던 것은 나에게 좋은 습관이 되었다. "항상 공손해야 한다. 언제나 웃어른을 공경해야 한다. 항상 예의 바르고, 웃어른을 공경하며, "부탁드

릴 것이 있는데요!"와 "감사합니다!"라고 말하도록 해라."라는 말
을 듣고 자랐다.

어른이 되었을 때, 나는 나를 둘러싼 모든 것에 대하여 감사
하기 시작했다. 폭포가 있고, 겨울에는 봉우리에 하얀 눈이 덮히
며, 봄이 되면 화려한 색의 다양한 꽃들이 있는 산들이 얼마나 아
름다우며 비가 내린 후 공기는 얼마나 신선하고 깨끗한지 말이
다. 나는 내가 사는 세상이 얼마나 아름다운지 깨닫기 시작했다.
내가 느꼈던 감사가 본래 이런 '단순한 것들이 아니었을까'라고
생각한다.

시간이 흐르면서 나는 삶이 제공하는 것들을 즐겼다. 우선
아주 훌륭한 동반자를 만났다. 우리는 친구가 되었고 서로 사랑
했다. 비록 어려운 시기를 겪기도 했지만, 그 결과 우리의 관계는
더욱 돈독해졌다. 1년 후 우리는 결혼했다.

모든 것이 훌륭했다! 이제 우리는 정착해서 우리의 삶을 잘
시작했다. 짧은 시간이지만, 우리는 하고 싶은 것을 다 할 수 있었
고, 원하는 것은 모두 샀다. 우리 수중에 현금이 있든 없든 간에
상관이 없었다. 그저 충전했을 뿐이다.

어느 정도 시간이 지난 후, 우리는 잠시 멈추어 서서 우리가

스스로 무엇을 하고 있는지 돌아보았다. 별로 좋은 모습은 아니었다. 우리에게 감사가 사라져 버린 것이다. 우리가 예전에 했던 '감사가 어디로 사라졌을까'라고 의아해했다. 우리는 주어진 것을 당연하게 여겼을 뿐, 감사하지 않았다. 오히려 더 갖기를 원했을 뿐이다.

이제 우리 자신을 똑바로 바라보아야 할 때가 되었다. 저축하러 은행에 가서 계좌를 개설하고, 물건을 사들일 때는 오직 현금만 사용하면서, 선물 구매에 지나치게 매달리지 않았다. 우리의 소비와 상관없이 가족이나 친구들은 우리를 항상 사랑한다는 사실을 알게 되었다.

재정적 어려움을 이겨내는 시간은 매우 고통스러웠다. 그래서 나는 당신에게 말할 수 있다. 최근 지갑에 적은 액수의 현금이 들어 있어도 너무나 행복하고 감사하다는 사실을……

얼마 후 나는 내 안에 새로운 생명을 잉태하게 되었다. 남편과 나에게 너무나 기쁘고 놀라운 일이었다. 수개월이 지나면서 내 안에 작은 생명이 자라고 있다는 사실만으로도 우리는 감사할 수 있었다. 이 생명은 기적을 경험하게 할 수 있기에 우리가 받은 최고의 선물이었다.

그 후 어느 날, 우리 딸이 태어났다. 나는 남편의 품에 딸을 안겨주었다. 이 순간, 남편의 표정에서 믿을 수 없을 정도로 경이로운 모습을 발견했다. 그의 눈에 기쁨의 눈물이 가득 고여 있었기 때문이다. 남편이 딸을 사랑하고 있다는 걸 느낄 수 있었다. 그때 남편이 딸을 내 품에 다시 안겼을 때, "오, 하나님 감사합니다!"라고 우리 모두 고백하지 않을 수 없었다. 우리 얼굴에 눈물이 하염없이 흐르고 있었다. 우리는 정말 큰 축복을 받았다. 내가 딸의 눈을 바라보았을 때, 사랑과 감사에 완전히 압도당했다. 하나님이 우리에게 보내준 천사는 바로 우리 딸이었다.

마침내 나는 최고의 감사를 느낄 수 있었다. 나는 이날의 감격을 간직하면서 매일 감사하며 살고 있다. 감사는 특별한 선물이다. 어떤 것도 당연한 것이 없다. 당신의 삶에서 모든 일에 감사하기를 강력히 권한다. 삶을 통해서 배울 수 있는 것, 바로 그것은 감사다.

그리고 기억하길 바란다. 당신이 감사하다고 말할 때, 진정 감사함을 느끼게 될 것이다. 정말 감사하다.

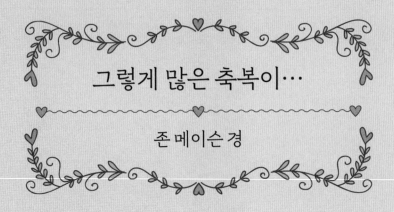

그렇게 많은 축복이…

존 메이슨 경

존 메이슨 경은 1927년 맨체스터에서 태어났다. 그는 맨체스터 그래머 스쿨을 졸업하고 케임브리지에서 역사학 석사 학위를 받았다. 그는 영국 육군 장교로 2차 세계대전과 한국전쟁에 참전했고, 1952년부터 1984년까지 영국 외교관으로서 로마, 바르샤바, 다마스쿠스, 뉴욕에서 근무했다. 1976년부터 1980년까지 주이스라엘 영국 대사를 역임했다. 1980년부터 1984년까지는 호주 고등 판무관으로 근무하다가 1984년에 은퇴했다. 1984년 호주에 정착하여 여러 대기업의 회장직을 역임했다. 그는 영국과 미국 이중 국적자이며 1954년 마가렛 뉴턴과 결혼하여 장성한 아들, 딸이 있다. 그는 1980년에 기사 작위를 받았다.

내 나이 68세. 이제 인생에서 감사하지 않을 일이 하나도 없다. 내가 만난 모든 사람에게 감사해야 할 이유가 너무 많다. 나는 감사해야 할 일이 셀 수 없을 정도로 너무 많다.

먼저 나에게 주어진 개인적인 축복을 몇 가지 소개하고, 그 다음으로 세상에서 다른 사람과 나누었던 이야기를 하고자 한다.

개인적인 축복

부모님은 나에게 높은 지능과 동기부여, 편안하고 행복한 가정을 제공해주셨다. 부모님의 탁월한 가르침과 격려 덕분에 나는 장학금을 받아 학비를 낼 수 있었음에 깊이 감사한다.

정치적으로 이상하게 들릴지 모르지만, 나는 이성애자로 태어난 것을 다행이라고 생각한다. 왜냐하면 내 인생에서 가장 놀라운 축복은 인내심이 강한 사랑스러운 여성과 40년간 결혼생활을 유지하고 있기 때문이다. 이 사실에 대해 무한한 감사를 드린다. 아내에게 늘 감사하다고 말하고 있다는 사실을 기억하고 싶다. 내게는 자녀가 둘 있다. 아이들은 행복하고 만족할 뿐 아니라 부모인 우리와 소통을 잘하고 있다.

29년 전, 나는 신장 종양을 제거하는 수술을 받았지만, 이후 양쪽 폐에 암이 전이되었다. 그로 인해 나는 일 년 이상 살 수 없을 것이라는 이야기를 들었다. 정보를 전하는 사람들의 실수가 있기는 했지만, 그들은 나에게 해를 끼치지 않을 것이라고 하면서 실험용 약을 처방해 병을 고치려는 의지를 보여주었다. 나는 매일 이 약을 먹고 있다. 이 약을 먹고 5년 이상 생존한 사람은 내가 유일하지만, 나는 이 약을 생산한 사람들에게 감사한다.

나는 이와 같은 상황을 초래하게 된 것에 매우 강하게 분노하게 되었다는 사실에도 감사한다. 오히려 이러한 분노가 폐암을 낫게 하는 데 영향을 미쳤다고 확신한다. 두 개의 티타늄 고관절이 없었다면 나는 걸을 수 없었을 것이다. 또한 백내장 수술 후

인공수정체 두 개가 없었다면 앞을 볼 수 없었을 것이다. 이 모든 것을 가능하게 해주신 분들께 감사드린다.

함께 나눈 축복

1930년대 어린 시절에 성홍열과 디프테리아로 먼저 세상을 떠난 두 명의 친구가 기억난다. 지금은 알 수 없지만, 당시에는 천연두 예방 접종으로 왼쪽 팔 윗부분에 동그란 흉터가 한두 개씩 생겼다. 해외여행 시 예방 접종 증명서가 필수로 요구된 지 20년이 채 되지 않았다. 하지만 이제 역사상 가장 치명적이었던 천연두는 박멸되었다. 이는 감사할 일을 넘어서 기적과도 같은 축복이다.

나는 결핵으로 인한 재앙을 기억한다. 키츠와 브론테 부부와 같이 낭만적인 질병이 아니라 사회적으로나 의학적으로 끔찍한 재앙이었다. 다행스럽게도 결핵은 사실상 사라졌으며, 결핵 퇴치에 성공한 사람들에게 감사를 전한다. 나는 소아마비에 걸릴까 봐 동네 수영장을 이용할 수 없었던 기억이 난다. 기억하는가? 소아마비! 소아마비 백신을 개발한 소크 박사에게 감사하다.

30년 전에는 터부시되던 주제인 암에 대해 지금은 터놓고 이야기할 수 있게 된 것에 감사한다. 암에 관해 이야기할 수 있어서, 더 빨리 그리고 더 효과적으로 치료받을 수 있게 되었다. 암 환자들에게 내가 경험했던 병력을 이야기하고 희망이 있다는 것을 알릴 수 있어서 감사하다.

무엇보다도 나와 아버지 세대가 그랬던 것과는 달리 우리 아들이 전쟁에서 동료들을 죽이는 법을 배우지 않아도 된다는 사실에 아버지로서 감사를 드린다.

더욱 분명한 것은 내가 살아있는 동안에 이 세상이 이전보다 더 나은 세상이 되었다고 믿고, 이러한 세상에 살고 있다는 것이 행운이라고 생각한다. 나는 내가 알든 모르든 간에 상관없이 오늘날의 이런 세상을 이룩하는 데 이바지한 많은 동료에게 깊은 감사의 마음을 전한다.

치유하는 태도

에밋 밀러

에밋 밀러 박사는 25년 이상 사람들에게 건강과 웰빙을 증진하는 방법을 성공적으로 가르쳐 왔다. 그의 '긴장을 완화하고 상상하기' 카세트는 올림픽 선수, 비즈니스 리더, 의사 및 기타 치유예술 분야 등 전 세계에서 기준이 될 정도로 인정받아 널리 사용되고 있다. 그는 《정신 의학의 심층 치유: 그 본질》의 저자다.

삶을 잘 들여다보자! 감사함을 느껴야 할까, 아니면 사기를 당한 것일까? 유리잔이 반쯤 비었는가 아니면 반쯤 차 있는가?

장미꽃에 가시가 있기에 불평할 수도 있고, 가시덤불 속에 장미가 있기에 감사할 수도 있다. 지적이거나 과학적인 수준에서 순수하게 바라보면, 이 두 가지 태도는 같은 것이다. 하지만, 현실에서 우리가 어떤 태도를 선택하느냐에 따라 매우 큰 차이를 만든다.

세상과의 관계에서 우리 자신에 대하여 피해자 이미지를 부각하면, 이에 따라 초래되는 무력감은 전체 시스템에 있는 그대로 전달될 것이다. 그 결과 물리적인 결과는 신체 혹은 신체 기관에 이상 현상을 만들거나 붕괴시키게 될 것이다.

우리가 감사함이나 충만함을 느끼거나 혹은 상실감, 박탈감 그리고 분노를 느낄 때, 이에 상응하는 내적인 화학적 변화가 일어난다. 이러한 상태는 차례대로 특정한 행동, 건강이나 질병, 역량 강화 혹은 무력감, 성취감이나 불만족, 성공이나 실패를 유발할 것이다.

정신이나 신체를 진료하는 과정에서, 감사의 중요성은 심리 생리학적 부분에서 더욱 확실하게 나타난다. 감사하는 사람은 그렇지 않은 사람에 비하여 더 빠르게 치료된다. 이 사람들은 삶에 있어서 해가 되고, 감사하지 않는 생각들을 매우 손쉽게 제거한다. 그래서 더욱 행복하다.

20년 동안의 진료 과정에서 나는 흥미로운 사실을 발견했다. 나에게 배운 것을 적용하여 삶에 큰 변화를 일으킨 사람들이 있다는 것이다. 똑같은 증상이나 질병을 앓고 있음에도 치료나 행동 변화 과정에 어려움을 겪는 사람들이 있다. 치료 과정에서 에너지를 집중하고 감사하는 자세로 참여하는 사람들은 비교적 잘 치유된다. 그러나 치료 과정이 너무 길다거나 비용이 너무 비싸다고 불평하면서 의심하고 믿음을 갖지 않는 사람들은 치료 효과가 매우 더딘 것을 알 수 있다. 이러한 일련의 사건을 통해서 보면 감사(또는 감사의 부족)가 먼저라는 것이 분명하다.

세상을 어떻게 바라보느냐에 따라서 우리에게 펼쳐진 수많은 도전에 대하여 우리가 대응하는 방식이 형성된다. 감사하는 마음은 우리가 어떻게 느끼고, 무엇을 말하고 믿으며, 어떻게 행동할 것인가에 대하여 현명하게 선택할 힘을 갖게 만든다. 우리의 조부모보다 개인의 자유와 잠재력을 마음껏 발휘하며 사는 현대의 사람들이 '잔이 반이나 비어있는' 것에 집중하고 있다면, 이얼마나 모순인가? 우리는 세계 인구의 95%보다 더 부유할 뿐 아니라 조부모 세대보다 10배나 많은 자원을 소비하고 있다. 평균수명이 25년이나 더 길어진 우리에게 지금 부족한 것이 감사다. 감사는 우리에게 무엇이 유능하고, 무엇이 발전하는지를 보게 한다. 결국 비어있는 잔으로 할 수 있는 것은 아무것도 없다.

감사하는 태도가 없으면, 예를 들어 미국의 비만 인구 60%에 해당하는 사람들처럼 박탈감만 초래할 뿐이다. 이와 유사하게 흡연자, 알코올 중독자, 약물 남용자, 그리고 삶의 질이 계속 악화하는 자들은 자신들이 공언하고 진짜라고 믿는 아주 단순한 선택조차 실천에 옮기지 못한다. 이들은 비자발적인 부정 상태 즉 풍요로움을 부정하는 상황에 놓여 있다. 현재 가진 것이 풍요로운 상태임을 인식하게 된다면, 자신들을 억압하는 강박관념에서 벗어날 수 있을 것이다. 자신이 누구인지 정확하게 인식하지 않으면, 즉각적이고 일시적인 감사를 제외하고, 삶에서 일어나는 그 어떤 것이라도 진정한 가치를 분별하기 어려울 것이다.

악순환과 선순환

감사함을 느낄 때 우리는 삶의 충만한 상태에서 다른 사람과 교류한다. 그들은 감사함을 느끼면서 우리의 에너지에 끌린다. 분하고 억울하며, 희생자라고 생각하는 사람은 다른 사람들을 밀어내는 경향이 있고, 그들의 도움을 덜 받게 된다. 마찬가지로 감사하는 마음이 부족하면 무력감과 질병으로 이어지게 되고, 다른 사람들은 모두 인생을 즐기고 있지만, 자신들의 건강은 악화하여 '사기를 당한 것처럼' 느낀다.

학습된 감사

정신 신경 면역학 분야에서 감정, 신념 및 해석이 질병에 걸리거나 저항할 수 있느냐를 포함해서 신체 기능에 심오한 영향을 미친다는 것이 밝혀졌다. 가장 극적인 것은 '학습된 무력감'에 관한 연구다. 우리 삶에서 어떤 어려움이나 위기가 닥치더라도 무력감을 느낀다면 병에 걸릴 가능성이 훨씬 더 크다.

우리가 감사라고 부르는 마음 상태는 타고나는 것이 아니라 배우고 훈련하는 것이다. 감사는 충만하고 완전하고 충분하다는 느낌이다. 우리가 필요로 하고 가치 있다고 생각하는 모든 것을 포함하고 있다. 가능한 범위 내에서 성취할 수 있는 것을 경험하는 것은 감사할 수 있는 능력으로 이어진다. 감사가 없으면 불완전하고, 속았다는 기분과 결핍된 느낌으로 무력감을 느낀다.

어렸을 때 감사하는 태도를 충분히 배울 기회를 얻지 못했다면, 종종 절망하게 되고, 원망할 뿐 아니라, 운이 없는 존재라고 느낄 수 있다. 때때로 그런 생각이 들 때, 나는 감사하는 마음으로 내가 해야 할 일, 내 인생의 사명과 비전에 대한 이유를 떠올린다. 시간이 조금 걸릴 수도 있지만, 내면에 집중하고 상상하는 그대로가 나의 태도에 드러나는 것을 알 수 있다. 우리는 모두 "생각하는 대로 존재한다."

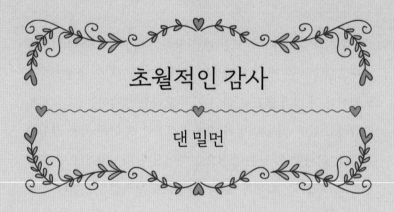

초월적인 감사

댄 밀먼

댄 밀먼은《평화로운 전사의 길, 아니요 평범한 순간, 당신이 있었던 삶》과 2권의 동화책을 포함하여 7권의 저서가 있다. 16개 언어로 번역된 그의 책은 수백만 명의 사람들에게 영감을 주었다. 전 세계 체조 챔피언이자 대학교수를 역임한 댄은 현재 각계각층의 사람들을 대상으로 개인적, 영적 성장 분야에서 사람들을 훈련하고 있다.

우리 대부분은 오감을 가지고 있지만, 나는 여기에 특별히 두 가지 감각을 추가하려고 한다. 그것은 유머 감각과 관점이다. 이러한 감각이 있으면 감사가 자연스럽게 표현된다. 만일 우리에게 관점과 유머 감각이 부족하다면 다른 사람의 불완전함이나 실수로 인한 작은 실망과 기대감 상실로 매우 속상해할 것이다.

하지만, 고통이나 질병, 사랑하는 사람의 죽음과 같은 강력한 도전과 시험에 직면했던 사람들은 다른 관점이 생긴다. 우리는 '아주 작은 일'에는 땀을 흘리지 않는다. 하지만 작은 호의와 축복에도 감사함을 느낀다. 작가이자 배우인 찰스 그로딘과 다음과 같은 이야기를 함께 나눈 적이 있다. 찰스가 18세였을 때 그의 아버지가 돌아가신 후 그는 모든 일들이 "별것 아닌 것"이라고 했다. 아버지의 죽음을 통해 그는 이런 관점을 갖게 되었고, 이러한 관점과 아울러 깊이 감사할 수 있었다.

시간이 흐르면서 관점도 확대되고, 우리의 인식도 변화한다. 특별한 호의나 친절한 행동, 기분 좋은 상황뿐만 아니라 일출을 바라보는 것, 바람에 흔들리는 나무의 아름다움과 같은 사소한 것에도 우리는 감사하게 된다. 관점은 우리를 겸손함으로 이끌어 준다. 이는 우리가 온순한 상태라는 의미가 아니라 넓은 우주에서 우리 자신이 어디에 있는지, 우리 삶에 주어진 기회가 좋은 결과로 이어지든 그렇지 않든 관계없이 감사의 눈으로 바라보는 것을 의미한다.

어렸을 때 우리는 전통적인 개념의 감사를 배웠다. "좋은 속옷을 선물해 주셔서 수잔 이모에게 감사하다고 말해라." 또는 죄책감으로 인해 감사를 "배웠을" 수도 있다. "우리가 너를 위해서 얼마나 고생했는데 너는 어떻게 행동했니? 잘 생각해 봐!" 누군가 우리에게 "감사할 줄 모른다."라고 말할 때, 우리는 마치 우리 집안에 대대로 내려온 전통 중 하나를 깨뜨린 사람이 된다. 본래 전통적으로 감사한다는 것은 미묘한 의무감, 서로에게 베푼 호의를 계산하여 보답해야 하는 것처럼 보인다. 마치 이타적인 행동을 하는 것이 당연한 것처럼 말하는 것이다. 의무, 당위성, 사회적

양심, 인식할 것을 요구, 주의, 그리고 아주 드물지만 순수한 이 타심이나 자기희생을 강조하듯이 그 동기가 매우 복잡하게 섞여 있다.

만일 누가 나에게 호의를 베풀었다면, 나는 "마땅히" 감사해야 하는 것이 우리의 전통이라고 말한다. 그러나 만일 내가 그들에게 무언가를 주고, 베풀고, 섬기고, 그리고 자신의 가치를 인정받도록 기회를 주었다면, 그들도 마땅히 나에게 감사해야만 할까? 그게 진실일까? 이 부분에 대해 더욱 깊이 살펴볼수록 감사의 "규칙"은 더욱더 애매해질 것이다.

그러나 초월적 감사는 사회적 관습을 넘어서야 한다. 누군가에게 감사한 느낌이 드는 대신에 우리는 그분들 즉 그들을 통해 일하시는 하나님(부처님)께 감사함을 느껴야 한다. 우리는 살아가면서 만나는 모든 사람과 우리 안에서 일어난 모든 일에 감사함을 느끼기 시작한다. 이렇게 감사하게 되면 우리는 스스로 높아지고, 자신을 포용하게 된다. 궁극적으로 이러한 감사는 우리를 고양하고, 스스로 사랑하게 되며, 궁극적으로 우리가 함께한다는 궁극적인 인식 속에서 다른 사람들을 고양하고 사랑하는 데 도움이 된다.

얼마 전부터 하나님의 사랑과 축복이 나에게 더욱더 깊이 함

께함을 느끼면서 매일 아침 감사하는 마음으로 잠자리에서 일어
난다. 그리고 매일 밤 조용히 감사하면서 잠든다. 내가 삶에서 겪
게 되는 기쁨과 도전들, 내 친구들과 나와 충돌하는 사람들 모두
에게 감사를 느낀다. 왜냐하면 기쁨은 나에게 즐거움을 주고, 도
전은 나를 성장하게 만들기 때문이다. 나는 모든 일에 감사함을
느낀다.

감사에 빠지다

메리 마가렛 무어

메리 마가렛 무어는 20년 이상 바르톨로메오 에너지의 통로 역할을 담당해왔다. 그녀는 어린 시절 18년간 하와이에서 자랐으며, 그 후 5년간 스탠퍼드 대학교에서 두 개의 학위를 수여했다. 그녀는 기독교 성인들의 힘에 관한 연구에서부터 선불교, 라마나 마하르시의 통찰력에 이르는 기술을 통해 수년 동안 명확한 깨달음을 추구해 왔다.

지난 17년간 바르톨로메오 인식과 함께 일하면서 배운 것 중 하나는 감사가 사랑처럼 점점 더 깊은 수준에서 마음을 경험할 수 있다는 것이다. 감사가 인생에서 일어난 일들, 내가 만난 사람들, 그리고 즐거운 일에 대하여 좋은 느낌이 드는 것을 의미한다는 것을 자각할 때가 있다. 하지만 바르톨로메오는 우리에게 "이 일이 나에게 좋은 것이 무엇인가?"라는 제한되고 선형적線形的인 감사보다 더 넓은 의미의 감사를 알게 해주었다. 그가 우리에게 반복적으로 보여준 감사는 순간마다 변화하는 외부 상황과 상관없이, 매 순간 끊임없이 감사할 수 있게 해주는 더 깊은 의미의 감사다. 그것은 지속적이면서 평화로운 에너지가 풍성하게 채워진 내면의 풍요로운 마음이다. 그는 우리가 "일이 잘 풀리면 기분이 좋을 거야!"라는 생각에서 벗어나 보다 심오하고 가슴으로 느끼는 현실을 바라보기를 바란다. 즉, 감사, 경외감, 평화는 우리 머릿속에서 자동으로 상영되는 정신적, 감성적 드라마의 시나리오가 아니다. 기계적으로 아무런 의미 없이 무미건조한 감사가 아니라, 감사 그 자체만으로도 항상 변함없이 고요함을 느낄 수 있다.

우리에게 다가오는 것이 무엇이든, 지금 존재하는 것이 무엇이든 간에 바로 그것이 하나님, 사랑, 빛, 존재 등 존재 자체의 광대하고 무한한 빛을 우리가 인식할 필요가 있을 때가 가장 환희에 가득한 순간이다. 바르톨로메오는 끊임없이 우리에게 다음과 같이 말한다. "현존하는 것이 무엇이든지 감사는 당신이 찾는 바로 그것이다. 당신이 경험하고 있는 것이 무엇이든 간에, 만일 당신이 그것을 생각조차 하지 않고, 이해하거나 피하려고 하지도 않으면서 그것을 단순하게 느낄 수 있다면, 감사를 발견하게 될 것이다. 감사를 통해 당신은 당신이 추구하는 평화와 경이로움을 경험할 수 있는 그 중심에 있음을 발견하게 될 것이다.

지난 몇 년 동안 영성의 길을 걷는 우리들은 매 순간 살아가는 현실을 참되게 인식하기 시작했다. 이 땅을 살아가면서 나는 내가 방문한 모든 국가, 각기 다른 배경을 가진 모든 사람에게도 이것이 진실인 것을 알았다.

마치 이름을 붙이지 않으면 이름조차 없었던 허공 속의 길을 걸어가면서 진리를 추구하는 수많은 사람에게 희망, 감사 그리고 통찰력 있는 깨달음이 샘처럼 솟아나는 것 같았다. 내가 반복해서 듣는 말은, 삶의 마지막 순간에 하나님께서 존재한다는 사실을 깨달은 사람들이 고백하는 진리다. 그 진리의 말은 감사하다는 음성이었다. 어쨌든 감사를 알게 되면서 우리는 우리 존재의 신성함을 경험할 수 있는 잠재력을 가지고 태어났다는 것을 깨닫기 시작했다. 바로 이 순간, 오늘 그리고 이번 생애에서 어떤 미래나 더 나은 환경이 주어지는 모호한 그날 다시 태어나는 것이 아니라, 태어나기 전부터 보이지 않는 잠재력이 있다는 것이다. 우리 모두는 우리가 찾던 바로 그 존재이며, 우리 자신과 전혀 분리되지 않는 오늘의 나, 정신적이고 정서적으로 임시로 창조된 것이 아니라 영원히 현존하는 존재라는 "복음(좋은 소식)"이라고 들을 수 있게 되었다.

　　우리는 모든 일들이 있는 그대로 존재할 수 있도록 허락할 때 우리 스스로 따스함이 채워질 수 있다는 것을 깨닫도록 허락할 때, 모든 것을 내려놓을 수 있다. 우리는 그것을 할 수 있고, 그것을 발견할 수 있고, 그것을 획득할 수 있다고 할 수 없다. 왜냐하면 우리는 이미 그것이기 때문이다. 진정 존재하는 우리라는 존재보다 더 쉬운 것이 무엇이 있을까? 우리는 노력하기를 멈추고 존재의 광대한 상태인 바로 지금, 여기에 머물 필요가 있다. 투쟁도, 땀을 흘리는 노력이 필요 없다. 여러분이 추구하는 그 존재는 이미 여러분이 바로 그 존재이기 때문이다.

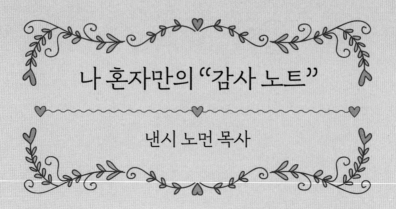

나 혼자만의 "감사 노트"

낸시 노먼 목사

낸시 노먼 목사는 사람들이 잠재력을 발견하고 개발하여 성취하도록 영감을 주는 데 전념하고 있다. 그녀의 접근 방식은 명쾌하고 실용적이며, 진지하고 일상에 쉽게 적용할 수 있다. 낸시는 유니티 교회 사역자이며 부동산, 금융, 교육 분야에서 성공적으로 경력을 쌓았다. 그녀는 사람들이 더 나은 삶, 더 풍요로운 삶을 살 수 있도록 돕는 데 평생을 바치고 있다.

머리 위로 작은 먹구름이 드리우면서 불길한 느낌이 엄습하여 숨
쉴 수 없을 것만 같았다. 나는 우울했다. 나는 최근에 이혼했다.
나의 미래는 암울했고, 내가 들어갈 직장도 없었으며, 나의 경력
은 바닥이었다. 재정적으로도 불안정했다. 나는 외로웠다. 여전히
어두운 구름은 내 곁을 떠나지 않았다. 나는 어떻게 해야 할까?
나는 어디에서부터 시작해야 할지 몰랐다. 이때 한가지 아이디어
가 떠올랐다. 마치 누가 나에게 이렇게 말하는 것 같았다. "당신의
인생에서 잘못된 것에 집중하지 말고 잘 되고 있고, 긍정적인 것
을 바라보기 시작하세요." 이는 나에게 결코 새로운 생각은 아니
었지만, 이전에는 전혀 생각하지 못했던 것이었다.

일단 계획을 세우기 시작했다. 나는 앉아서 기억을 더듬으며 내가 생각할 수 있는 모든 선하고 긍정적인 일들을 열거하기 시작했다. 글을 써 내려가면서 세상이 조금 더 친근하게 보이기 시작했고, 감사한 일이 얼마나 많은지 깨달았다. 글쓰기를 마무리하게 될 즈음, 감사한 일들로 페이지를 가득 채울 수 있었고, 절망과 우울했던 느낌은 모두 사라졌다. 이 순간 나는 나의 삶에서 선하고 올바른 일에 집중하여 감사한 마음으로 한 단계 더 앞으로 나아가기로 결심했다. 나는 언제나 작은 노트를 지니고 다니면서 감사한 일이 떠오를 때마다 기록하기로 계획을 세웠다.

아침에 산책하면서 새로운 눈으로 세상을 바라보았다. 이전에 당연하다고 여겼던 풍경이 아름다운 색채로 생동감 있게 나에게 다가왔다. 스쳐 지나갔던 개 짖는 소리, 귓전을 울리는 새소리들이 풍요롭고 사랑스러울 뿐 아니라 조화로운 우주에 내가 살고 있다는 것을 다시 생각하게 했다. 이 놀라운 일들을 "감사 노트"에 채웠다.

하루를 살아가면서 축복에 축복이 더해졌다. 우편물이 도착했다. 청구서가 아닌 수표 세 장이 들어있었다. 예상하지 못했던 수입이 생긴 것이다. 이웃은 맛있는 수제 파이를 선물해 주었다. 그녀는 이유는 모르겠지만, 파이를 굽는 동안 내 생각이 났다고 했다. 한 친구는 유명한 화가에게 의뢰해서 그림 한 점을 선물해

주었다. 나는 이러한 일들을 감사 노트에 하나하나 모두 기록했다. 이른 오후가 되었을 때 내 안에 있던 어둡고 우울한 먹구름이 완전히 걷히고 밝은 햇살이 나를 비추고 있었다.

나는 감사 일기를 계속 쓰고 있다. 감사 노트는 나 자신이 자기 패배적인 두려움과 의심 너머를 볼 수 있도록 도와준다. 감사는 기쁨을 주는 사람들과 상황들을 자연스럽게 끌어당기는 강력한 자석이다. 감사는 인생의 숨겨진 잠재력을 끌어당긴다. 감사는 인생을 풍성하게 하는 큰 비결 중 하나이다. 우주와 협력하는 것이다.

예스! 나는 사랑스럽고 풍요롭고 조화로운 우주에 살고 있다. 나는 감사한다!

감사의 선물

로버트 오돔

로버트 오돔은 《12단계 회복의 동반자》의 저자이며 형이상학 상담자, 강사, 교사로 20년 이상 회복에 힘써왔다. 그는 뉴멕시코 역사를 전공했으며, 뉴멕시코 주 산타페와 라스 크루스에 거주하고 있다.

사랑하는 법을 배우는 것은 우리가 정말로 누구인지를 기억하는 과정이다. 결론적으로 말하면 지구상에 있는 모든 생명은 영靈이 신체를 가진 몸을 통해 발현된 것이다. 모든 생명은 영이다. 영은 신성하므로 모든 생명은 신성하다.

감사는 생명의 전체성에 대하여 의식적으로 보이지 않는 존재를 인정하는 시간을 뜻한다. 우리는 종종 해야 할 일이 너무 많고 바빠서 삶에서 여유를 갖지 못한다. 때로는 아주 확실한 일에만 감사하고, 고통에 대해서는 불평하거나 원망하기도 한다.

우리는 인스턴트식으로 만족하고, 시간이 오래 걸리고, 세심한 주의가 있어야 하는 일에 대해서 평가하도록 프로그램된 문화 속에 살고 있다. 독서량이 매우 적고, 고작 몇 번의 세미나에 참석하며 즉각적인 깨달음을 얻기를 기대하는 일은 우리에게 매우 흔하다. 이것은 "전자레인지 영성"의 사고방식이다. 사랑하는 법을 배울 때 우리는 인생의 모든 경험, 끔찍한 것과 숭고한 것을 모두 포함해야 한다. 종종 우리의 가장 위대한 영적 지식은 혼란과 고통에 가려져 있다. 우리가 기뻐하는 일 못지않게 고통스러운 일에도 감사한다는 것은 매우 도전적인 일이다.

경험과 교훈을 통해서 감사하게 되는 것은 인생을 살아가면서 마음을 다해서 삶에 반응하는 것을 뜻한다. 우리는 살아가면서 배우고 경험한 것을 통해 감사하는 법을 배우게 된다. "감사하는 태도"를 배우는 12단계 프로그램을 통해서 우리가 "감사합니다."라고 말함으로써, 지속적인 관계를 유지하고 있음을 자각하게 된다. 감사는 우리가 창조 나선형螺旋形의 한 부분이며, 근원으로 돌아가는 영적 여행 중에 있다는 것을 기억하게 해준다. 우리는 이 여행을 통해서 우리 안에 있는 신성을 깨닫고 영적으로 더욱 가까이 다가간다.

그 에너지의 주파수가 우리에게서 흘러 나와 우리 자신을 치유하고, 형제자매 궁극적으로는 우리가 살고 있는 지구까지 치유하기 때문에 우리에게는 의식적으로 감사해야 할 영적인 책임이 있다.

자연 속에서 혼자만의 시간을 가져 보자. 개미, 새, 덤불과 나뭇잎을 조용히 관찰한다. 모든 생명체는 자기가 누구인지 의식하지 않고 삶을 즐기고 있다. 개미에게는 언덕을 만들기에 충분한 모래가 있고, 새에게는 둥지를 틀 수 있는 나뭇가지가 풍부하며, 나뭇잎과 식물을 위한 영양분을 생산할 수 있는 햇빛이 충분하다. 자연 속에 있는 동안 여러분도 이 경이롭고 복잡한 네트워크로 이루어진 생명의 일부라는 사실을 기억하도록 하자. 이 멋진 곳에서 살아 있다는 것은 정말 영광스러운 축복이다. 살아 있다는 것은 정말 영광스러운 감사다. 심호흡하면서 마음을 열고 신께서 우리에게 주신 모든 선물에 감사해 보자.

당신에게 사랑하는 법을 가르쳐주는 모든 사람, 장소 그리고 모든 일에 의식적으로 감사하도록 하자.

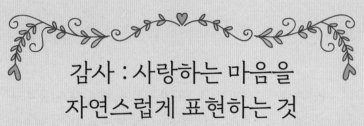

감사 : 사랑하는 마음을
자연스럽게 표현하는 것

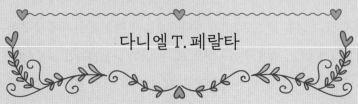

다니엘 T. 페랄타

다니엘 T. 페랄타는 안티오크 대학에서 의식에 관해 심리학 학위를 받은 형이상학 교사다. 루이스 헤이와 함께 광범위하게 훈련했던 다니엘은 공립학교 어린이부터 정신 및 정서적 장애가 있는 사람들에 이르기까지 다양한 집단을 대상으로 상담했다. 그는 현재 교도소 수감자들과 함께 일하고 있다. 또한 생방송 TV 시리즈를 진행하면서 '자존감: 힘이 있게 되는 것!'이라는 제목의 교육 채널을 운영하고 있다. 그는 현재 하와이에 살고 있다.

감사는 우리가

선한 일에 집중하도록 한다.

감사는 우리를 축복하며

그 축복을 배가倍加시킨다.

우리가 기쁨으로 감사를 인정할 때

우리의 마음을 열게 하고,

우리가 더 많은 사랑을 경험하게 한다.

사랑은 우리 삶을 치유하며 궁극적으로 이 세상을 치유하는 능력
이다. 감사는 사랑으로부터 나온다. 감사는 사랑하는 마음의 자
연스러운 표현이다. 그러므로 우리가 감사를 표현할 때마다 치유

하는 능력과 보조를 맞추게 한다. 감사와 칭찬은 치유하는 에너지를 확산시키고, 세상을 더 좋은 곳으로 변화시킨다. 매 순간 감사를 표현하면 세상을 치유하는 것을 돕는 셈이다. 감사는 긍정적인 파장을 일으키고, 행복한 우주는 그 감사에 친절하게 반응한다.

따라서 "감사의 태도"를 기르는 것은 필수적이다. 그것은 이미 우리가 가지고 있는 것을 헤아려 보는 데서 시작된다. 당신이 받은 축복을 살펴보는 것은 당신의 존재를 더욱 풍요하게 하는 가장 확실한 방법의 하나다. 당신이 받은 축복들은 언제나 긍정적이고 바람직한 에너지를 만들어 낼 것이다. 만일 우울하거나 슬픈 감정을 느꼈을 때 당신은 삶에서 일어난 선한 일을 먼저 생각할 수 있을 것이다. 당신이 받은 모든 축복에 감사하는 훈련을 해보자. 선한 일을 찾으려고 노력해보자. 좋은 일들이 이미 당신 주변에 많이 있을 것이다. 이들은 당신의 에너지를 변화시킬 것이다. 당신과 당신 주변에 이미 풍성하게 존재하는 선한 일에 감사하다고 말해보라.

당신이 살아 있고 생명의 선물을 경험하고 있다는 사실은 말할 수 없을 정도로 영광스러운 일이다. 매일 시작하는 하루는 새로운 가능성을 생생하게 경험할 수 있다. 당신이 만나는 새로운 하루는 다시 시작할 수 있는 또 다른 기회다. 당신 자체가 놀랍고 새로운 존재가 되는 또 다른 기회를 얻는 셈이다. 이 얼마나 놀라운 축복인가? 당신이 지금 이곳에 존재하고, 당신이 가진 재능과 능력을 통해 세상에 기꺼이 이바지할 수 있다는 사실에 감사하자. 이 세상은 당신을 필요로 하고, 생명은 당신에게 감사하고 있다. 지금 당신 자신에게 감사할 때다.

당신이 감사를 표현하면 더욱 높은 주파수로 당신 주변의 진동수를 더 높일 수 있다. 당신은 자신으로부터 발산되는 긍정적 에너지를 창조하는 것이다. 당신에게 놀라운 경험으로 되돌아올 것이다. 당신은 자석과 같이 좋은 일을 끌어오게 될 것이다. 선한 일과 선한 사람들은 당신에게 이끌려 온다. 왜냐하면 당신은 주변 사람들에게 기쁨과 즐거움이기 때문이다. 감사의 태도는 자연스럽고 매력적이다. 감사는 도전을 가능성으로, 문제를 해결책으로, 상실을 소득으로 변화시키는 능력을 갖추고 있다. 그것은 에너지를 만들어 낸다. 자신의 비전을 확대하고 우리가 자신을 한계가 있는 존재로 규정했던 사람에게 보이지 않은 것을 볼 수 있도록 만든다.

비록 어두움 한가운데 있을지라도 우리는 더욱더 감사할 수 있다. 우리 주변에 어떤 일이 일어난다고 할지라도 우리는 배우고 성장하는 데 도움이 되는 방식으로 대처할 수 있다. 현재의 어려움을 성장 기회로 바라보면 그러한 상황 속에서도 배울 수 있음에 감사할 수 있다. 우리가 경험하는 그곳에 항상 감사의 선물이 있다.

우리가 감사를 표현하는 그곳에서 우리는 선물을 발견할 수 있다. 우리의 생명이 제공하는 모든 것에 진심으로 감사할 때, 우리는 우리 자신과 그 밖의 모든 것에서 빛을 볼 수 있다. 우리는 모든 사람과 모든 일을 잠재적 축복으로 바라볼 수 있다.

감사는 선함goodness이 풍성해지기를 바라는 기도다. 감사는 풍성함과 관대함을 끌어당긴다. 나는 당신께 '감사한다thank you'라는 두 단어가 가장 아름다운 언어라고 생각한다. '감사합니다!'라는 단어는 사람들의 얼굴을 환하게 만든다. "감사"라는 단어 자체가 자신이 감사하고 있다는 사실을 다른 사람이 알아차리도록 도울 것이다. 감사는 우리 마음의 문을 열고, 우리가 서로 연결되어 있다고 느끼게 한다.

매일 아침 일어났을 때 나의 입에서 나오는 첫 번째 말이 "당신께 감사합니다!"이다. 이 말을 하자마자 내가 신과 연결되어 있고 나의 마음이 사랑으로 가득 채워졌다는 것을 느낀다. 나는 살아있기에 감사한다. 호흡하면서 나의 삶을 완전하고 더욱 풍요롭게 지낼 수 있는 또 다른 날이 있다는 사실에 감사한다. 나는 여기에서 우주의 풍요로움에 참여하고 있다는 사실에 감사한다.

인생의 풍요로움은 우리 모두를 위해 바로, 지금, 여기에 있다. 사랑과 감사를 표현할 때 우리는 우리의 에너지를 조화시키고 우리 자신의 삶이 이 풍요로운 우주 일부라는 사실을 깨닫게 된다.

다음은 감사하는 태도를 기르기 위한 몇 가지 팁tip이다.

♥ 하루 종일 조용히 또는 큰 소리로 '감사하다'라고 말한다. 당신이 살아있고, 삶이라고 불리는 경험에 참여할 수 있게 되어 행복하다고 허공에 소리친다. 당신 자신과 이웃 그리고 세상을 향해 감사하다고 말한다. 감사하는 태도로 세상에 퍼져나가도록 그 에너지가 전해지게 하자.

♥ 감사 일기를 쓰라. 당신이 살아가면서 감사하다고 생각하는 모든 내용을 적어본다. 전기, 수도, 배관, 기술 등 우리가 흔히 간과하기 쉬운 편의시설에 관한 내용도 포함하여 기록하자. 만일 당신이 신체적으로 연약해서 기록할 수 없다면 정신적으로 마음에 기록도 가능하다. 우리를 통해서 발전한 모든 부분을 칭찬하자.

♥ 어려운 시기를 지나고 있다면 다음과 같이 당신의 경험을 솔직하게 말한다.

"나는 이러한 시간도 나에게 축복이 될 것이고 나는 이러한 경험 속에서 축복을 발견하게 될 것이다. 부디 나에게 좋은 가르침이 있기를, 내가 더 강해지고 솔직해지길."

감사합니다…… 감사합니다…… 감사합니다…… 감사합니다……

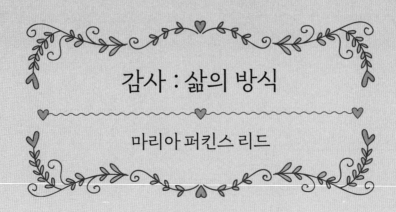

감사 : 삶의 방식

마리아 퍼킨스 리드

마리아 퍼킨스 리드는 유명한 동기부여 연설가이며 세미나 발표자이다. 그녀는 25년간 쌓아온 다양한 비즈니스 경험을 청중들에게 전하고 있다. 대학에서 심리학과 법학을 전공했으며, 10년 동안 신사상(인간의 신성을 강조하여 올바른 사상이 병과 과실을 억제할 수 있다고 여기는 일종의 종교철학 – 역자주)에 전념하고 자신이 깨달은 경험을 고객 상담에 활용하여 성공을 거두었다.

대표 저서로는《9 To 5로 충분하지 않을 때 : 일에서 충족감을 발견하는 가이드》가 있다.

감사를 표현하기가 항상 쉬운 일은 아니다. 예를 들어 우리가 다소 불쾌한 상황이나 우리가 가진 것보다 부족한 것에 더 집착하고 있다면, 감사 대상을 찾는 것이 우스꽝스러워 보일 수 있다. 하지만 감사는 단지 고마워하는 마음 그 이상을 뜻한다. 고마움은 "선물로 주신 새 스웨터 감사합니다"처럼 방금 일어난 특정 대상이나 사건에 대한 마음을 말한다. 반면에 감사는 라이프 스타일, 즉 삶의 방식을 의미한다. 감사하는 마음을 지니고 사는 사람들은 순간순간마다 경이로움을 느끼고 자신 삶에 만족하는 능력이 있다. 그리고 그렇게 함으로써 그들은 역설적으로 상당히 큰돈을 벌고, 성취감 높은 직업을 얻으며, 아주 만족스러운 개인적 관계를 맺고 그들이 원하는 그 밖의 다른 것에서도 더 많은 축복을 그들의 삶으로 끌어들이는 것처럼 보인다.

규칙적으로 감사를 표현하면 삶에서도 감사한 일들이 가득한 생활 방식으로 이어질 수 있다. 나는 예상했던 일이든지 아니든지 간에 좋은 일이 생길 때마다 혼잣말 또는 소리 내어 "하나님, 감사합니다!"라고 말한다. 이렇게 규칙적으로 말하다 보면 어느새 자신이 변화하는 것을 느낄 수 있다. 예전에 나를 괴롭혔던 일들도 더 이상 신경 쓰이지 않게 된다. 당신은 자신보다 더 불행한 사람들을 생각하고 자신이 가진 근본에 감사하면서, 당신이 할 수 있는 만큼 자신이 갖고 있는 것으로 도움을 손길을 내어줄 수 있다.

감사를 실천하는 것은 우리 주변과 우주 그리고 그 너머에 무한한 본질이 있다는 사실을 깨닫는 것이다. 에릭 버터워스가 그의 저서《영적 경제학》에서 촉구한 대로 우리는 "물고기가 물속에 사는 것처럼 우리가 본질 속에 살고 있다는 사실을 의식 속에 새겨야만" 한다. 우리가 금융 위기로 자산을 모두 잃는다고 해도 본질은 사라지지 않는다. 왜냐하면 그러한 본질은 우리가 보는 것의 비물질적 존재의 정수이기 때문이다. 따라서 우리는 항상 보이지 않는 것에 대해 감사하는 마음을 가질 수 있다. 우리 주변의 본질에 감사할 때 그 실체가 우리에게 실제로 나타날 것이다.

감사를 통해 우리는 삶에서 두 가지 즐거운 결과를 얻게 된다. 첫 번째는 심오한 기쁨을 느낄 수 있다. 우리가 행복 자체를 삶의 목표로 정한다면 행복은 우리를 교묘하게 비켜나갈 것이다. 이와 같게 적용되는 것이 기쁨에 대한 진실이다. 우리가 자신을 위해 기쁨을 추구한다면 우리는 기쁨을 발견하지 못할 것이다. 아주 하찮은 것이라도 우리가 가진 것을 만족스럽고 고맙게 생각하고, 명상을 통해 내적 평온을 가꾸면서 감사하는 마음을 실천한다면 우리는 동시에 기쁨이 나타나는 것을 발견하게 될 것이다.

감사로 인해 얻는 두 번째 결과는 풍요로움과 번영을 개인적으로 경험하는 것이다. "우리가 집중하는 것은 확장된다."라는 사실은 널리 알려진 불변의 원칙이다. 만일 시간의 대부분을 우리가 갖고 있지 않은 것이나 삶이 무엇이 달라졌으면 하고 막연히 바라거나, 방금 잃어버린 것에 대해 생각하는 데 사용한다면 우리는 더 많은 것을 잊게 되고, 더 부족해지며, 현재 상황에 대한 불만만 커질 것이다.

반면에 식탁 위의 음식, 우리를 아끼는 친구 또는 가족, 바깥의 햇살 등 현재 우리가 가진 것에 집중한다면. 그것 역시 확장된다. 감사의 에너지는 우리가 원하는 것들을 점점 더 많이 끌어당긴다. 거의 마술처럼 말이다.

그러므로 오늘 당장 감사하는 연습을 시작해 보자. 잠에서 깨어나자마자 "내가 오늘 무엇을 감사할 수 있을까?"라고 스스로 물어보라. 자신이 누구인지에 대한 경이로움에 감사하면서 내적 자아의 침묵 속에서 시간을 보내라. 그리고 항상 자신에게 찾아온 선을 인정할 것을 기억하라.

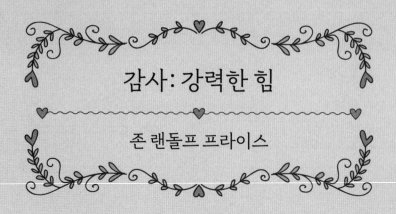

감사: 강력한 힘

존 랜돌프 프라이스

존 랜돌프 프라이스는 《초인》,《풍요의 책》,《내면의 천사들》,《실용적 영성》등 수많은 베스트셀러를 집필했다. 그는 쿼터스 재단 이사회 의장이며 아내 얀과 함께 워크숍과 집중 모임을 진행하고 있다. 글로벌 마인드 링크와 세계 치유의 날을 시작한 공로를 인정받아 프라이스 부부는 1986년 유니티 교회 연합으로부터 "신의 빛 표현상"을 수상했다. 또한 1992년 국제 신사상 동맹 애리조나 지부로부터 "인도주의자 상"을 받기도 했다.

감사의 통상적인 의미는 자신이 받은 혜택에 고마움을 느끼는 것
이다. 이것도 중요하지만, 감사의 에너지는 우주에서 강력하게
끌어당기는 힘 중 하나라고 느낀다. 겉으로 보기에 우리가 부족
함과 갈등, 고통 상태에 있다고 말해도 감사로 가득 찬 마음은 우
리를 더 높은 주파수로 이동시킨다. 그리고 우리는 곧 환상을 통
해 빛나는 현실을 목격하게 된다.

《역량 증진Empowerment》이라는 책에 쓴 내용을 요약하자면,
우리의 욕망은 먼저 의식 속에서 성취되고, 그 욕망은 이상적인
경험과 형태로서 외부 세계에 나타난다. 그러므로 우리의 선이
아직 보이지 않을 때 감사함을 표현해야 한다. 감사는 역동적인

영적 에너지의 흐름을 방출하면서 우리 앞에 나타나 강력한 영향력을 발휘한다. 그것은 잠재의식 속에서 부정적인 생각을 제거할 뿐만 아니라 가능한 모든 선의 원천을 연결하는 가교역할을 담당한다. 물론 근원은 하나뿐이지만, 신성한 마음Divine Mind은 신비한 방식으로 무한한 경로를 통해 놀라울 만한 경이로움을 수행한다. 그리고 감사하는 마음을 통해 우리 자신을 보편적 풍요로움, 사랑스러운 관계 그리고 내면에서 발산되는 성령의 치유력과 일치시킨다.

아내와 나는 지금까지 감사의 힘을 여러 차례 몸소 체험했다. 1970년대는 사업적으로 힘든 시기였는데 그 해결책을 찾기 위해 며칠 동안 기도하고 명상하곤 했다. 그러던 어느 날 아침, 침대에서 일어나려는 순간 "조용히 신뢰하라"라는 말이 어디선가 들려왔다. 그 말은 우리에게 닥친 문제가 곧 해결될 것으로 해석되었다, 그래서 내가 해야 할 일은 걱정을 멈추고 마음을 차분하게 하면서 이러한 신성한 과정을 무한 신뢰하는 것뿐이었다. 감사의 느낌이 강렬하게 느껴졌으며 그 후 며칠 동안 마음속에서 끊임없이 '감사합니다, 하나님!'이라는 말이 떠올랐다. 그리고 갑자기 혼돈에서 벗어나 완벽한 질서와 조화가 내게 찾아왔다.

1993년 12월 30일, 아내는 갑자기 심장마비가 찾아와 응급실로 실려 가는 도중에 사망했다. 나는 상실감에 가득 차서 아무런 감정도 느낄 수 없었다. 심지어 구급대원이 "유감입니다, 부인은 돌아가셨어요."라고 내게 말했을 때도 그 말을 사실로 받아들이지 않았다. 나는 얼마 있으면 아내가 다시 깨어나 회복되리라는 것을 알고 있었다. 저세상으로 떠난 지 4분 정도 지났을까? 아내는 기적같이 다시 깨어났으며, 병원 의사들의 설명을 기다리는 동안 나는 그 어느 때보다도 감사를 느낄 수 있었다. 보호자 대기실에서 기도한 것은 그녀 안에 있는 생명력에 대한 감사였다. 그녀의 몸을 치유하고 완전하게 해준 생명력에 대한 감사였다. 다음 날 아침, 아내는 자신이 겪은 놀라운 경험에 대해 언급하면서 스스로 얼마나 멋지게 느꼈었는지에 대해 감사함을 표현했다. 의사는 아내의 빠른 회복에 대해 고개를 절레절레 흔들었다. 그날 병원은 사랑과 기쁨의 에너지가 결합한 감사의 분위기로 가득했다. 당시 다른 기적적인 치유가 일어났다는 사실을 알게 되었을 때도 나는 별로 놀라지 않았을 것이다.

감사하는 마음으로 살면 두려움은 우리 안에 들어올 수 없다. 두려움이 들어올 수 없고, 죄책감이 사라지며, 오직 평화만이 존재한다, 사랑, 용서, 이해만이 존재한다. 내게는 그것이 인생의 전부다.

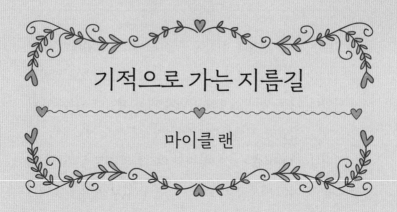

기적으로 가는 지름길

마이클 랜

마이클 랜은 시카고 지역 종교과학 초대 교회 목사이며《효과적인 라디오 광고》,《좋은 일은 반드시 일어난다》,《헌신의 힘 》등을 포함하여 7권의 저서가 있다. 저자는 카리스마 있고 역동적인 강연자로서 고객과 자신이 만나는 모든 사람이 성공하는 것을 삶의 철학으로 삼고 있다.

기적으로 가는 지름길이 있다면 그것은 바로 감사하는 자세를 취하는 것이다. 개인적으로 감사하는 법을 배울 때는 자신의 삶을 수용적인 자세로 내맡긴다. 감사는 수용의 법칙을 끌어낸다.

"감사합니다"라는 표현을 사용하면 원하는 것을 성취하는 데에도 도움이 된다. 예를 들어 식당에 갔을 때 특별히 원하는 자리가 있다면 미리 주인에게 감사함을 표시해 보라. 그러면 대부분 자신이 원했던 곳에 정확히 앉을 수 있다. 더 많은 예를 들 수 있지만 여기서 말하고자 하는 요점은 이해할 것이라 확신한다.

"감사합니다"라고 말했을 때 어떤 일이 일어나는지 생각해 본 적이 있는가? 잠시 생각해 보자. 감사하다고 말하는 순간 당신과 상대방 사이에는 묘한 친밀감이 형성된다. 그는 자신이 당신에게 꼭 필요하고 고마운 존재이며, 중요한 사람으로 느끼도록 만든다. 다시 말해, 감사하다는 말은 상대방을 기분 좋게 만드는 역할을 한다.

여기서 한 가지 진실은 받은 것이 없으면 줄 수도 없다는 점이다. 이것은 모든 철학자가 주장하는 불변의 법칙이다. "우리는 우리가 선택한 것을 주고 우리가 준 것을 다시 돌려받는다. 그래서 사실, 우리는 삶에서 우리가 이미 받은 것을 선택하는 셈이다." 이 간단한 진리를 깨닫지 못한 사람들은 얼마나 불쌍한가.

저자의 말이나 다른 사람의 말을 너무 믿지 마라. 직접 감사를 실행해 보자! 감사 인사를 하고 결과를 지켜보라. 그런 다음 원하는 결과가 나타나기 전에 다시 감사를 표현해라. 당신의 삶이 얼마나 빨리 채워지는지 놀라게 될 것이다. 어떤 사람들은 이것을 기적으로 부르기도 한다.

감사하다고 말하면 당신에게 어떤 점이 좋은가? 우선 다른 사람을 기분 좋게 만들면, 자신도 기분이 좋아진다. 다른 사람을 중요하다고 느끼면 자기 자신도 중요하다고 느끼게 된다. 기분이 좋아지고 스스로 중요하다고 생각하며 감사함을 느낄 수 있다는 것이 얼마나 훌륭한 일인가? 다른 사람에게 감사를 표현하면 그만큼의 존중과 만족감을 같이 얻을 수 있다.

이러한 삶의 방식을 따르는 것은 멋진 모험이다. 어떤 법칙을 안다는 것은 그것을 존중하는 것이다. 감사와 수용의 법칙은 널리 인정받는 과학이다. 이 법칙에 대한 믿음을 갖고 규칙적으로 실천하면 당신의 일에서도 창의적인 힘을 발휘할 수 있다.

다른 사람들이 하는 일에 감사하고 그들을 존중하는 법을 배우면 당신의 삶을 더 즐겁게 만들 가능성이 커진다. 당신이 경험을 쌓고 싶다면 존중과 감사로 가득한 경험이 되도록 하라. 어떤 경험을 할 것인지 선택하는 것은 여러분에게 달려 있으므로 이러한 형태의 사랑을 보여줄 기회가 당신에게 주어진다. 그리고 사랑은 항상 건설적이고 창의적인 행동으로 이어진다.

이 모든 것은 "감사합니다"라는 당신의 태도에서 시작된다. 당신은 좋은 것을 포기할 수 없다. 그것은 당신이 준 것보다 훨씬 크고 더 나은 것으로 되돌아온다. 이제 당신에게 달려 있다! 감사의 힘을 증명하라. 그러면 누군가가 가장 숭고한 형태의 기도라고 칭했던 것을 실천하게 될 것이다. 아무튼 시간을 내서 이 글을 읽는 독자에게 감사한다.

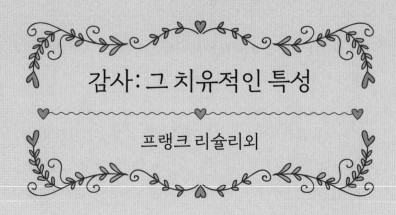

감사: 그 치유적인 특성

프랭크 리슐리외

프랭크 리슐리외 박사는 캘리포니아주 레돈도 비치 종교과학 교회의 목사이며 국제 종교 과학협회 의장을 역임했다. 종교 훈련의 대부분을 종교 과학운동의 창시자인 어니스트 홈즈로부터 받았다. 리슐리외 박사의 역동적인 강연은 25년간 방송된 프로그램인 〈살아있는 아이디어〉에서 매일 라디오로 들을 수 있다. 대표 저서로는 《번영의 연결》, 《환생, 영혼의 상속》, 《나 자신이 되는 예술》 등이 있다.

감사는 고상한 태도 그 이상이다. 그것은 가장 강력하고 치유적이며 역동적인 의식의 도구 중 하나다. 당신이 감사에 집중하면, 당신의 삶이 선하고 바람직한 구조로 되었다는 사실을 충분히 깨달을 수 있다. 말 그대로 이미 자신이 가지고 있는 것을 칭찬하고 축복하는 것이다. 이러한 깨달음은 우주의 법칙을 이행하는 것이다. 그리고 당신은 더 많은 것을 얻게 된다.

감사는 자석과 같은 것이다. 감사는 그에 상응하는 것들을 당신 쪽으로 끌어당겨 주기 때문이다. 예를 들어, 당신이 통증 때문에 등을 대고 누워 있다면 다른 건강한 부위에 대해 감사를 느껴보라. 현재 자신의 건강함에 감사하는 것이다. 신체의 다른 곳에서 아무 일 없이 존재하는 평화와 행복감에 집중해 보라. 병에 걸렸을 때는 특히 감사하는 마음으로 자신의 건강을 되돌아보며 선을 위한 수용에 집중하는 것이 중요하다. 몸의 더 큰 부분이 원하는 일을 하고 있는지 확인해 보자. 그것을 칭찬하고 축복하라. 당신의 몸은 재생 가능하고 재충전할 수 있다. 당신의 감사는 인생의 나무에 비료와도 같다. 그것은 건강과 성장을 촉진한다.

혼란스러운 상태나 상황에 압도당하는 것처럼 느껴질 때가 바로 무한한 평화를 생각할 때다. 그러한 마음과 감정에 평화를 가득 채워야 할 때다. 우주 전체에 존재하는 신성한 법칙과 신의 우주 질서에 대한 감사로 당신의 마음과 감정을 평화로 가득 채울 때다. 신법과 질서가 당신에게 가능성이 될 수 있다. 건강과 평화에 대한 감사로 가득 차면 해결책과 치유가 바로 따라온다. 다음 달 내야 할 고지서를 어떻게 감당할지 모를 때, 긴장감과 부족함으로 가득 차 있을 때, 신성한 해독제는 바로 풍요로움에 감사하는 것임을 깨닫자. 어떤 문제나 상황에 부닥쳤을 때 스스로 이렇게 말해보라.

나는 신성한 흐름을 위해 내가 열어 놓은 삶의 길을 통해
나에게 찾아오는 완전한 건강과 풍성한 선에 감사합니다.
나는 내 의식에서 일어나는 모든 기쁨에 감사합니다.
지금 나의 풍요로운 건강함에 감사합니다.

나를 더 많이 알고 성장할 기회에 감사합니다.

당신이 주의를 기울이는 것은 당신의 삶에서 나타나는 것이다. 예수는 보이지 않는 것에 대해 감사하고 그것이 결국, 원인과 결과 법칙에 따라서 손으로 만질 수 있고 실제적이 된다는 사실을 알고 있었다. 우리가 문제라고 부르는 것은 바로 우리 가까이에 있다. 문제는 우리를 육체적, 정신적, 감정적으로 모든 단계에서 속박한다. 문제는 너무나 '가시적'이어서 그에 대해 객관적으로 판단하기 힘들다. 우리의 관심을 그들로부터 가져와 무한한 마음에서 이미 완성된 원하는 결과에 배치해야 한다.

우리는 문제를 뛰어넘어 응답받은 기도를 해야 한다. 우리는 눈에 보이는 것에 집착하는 대신 의식 안에서 원하는 것에 집중함으로써 보이지 않는 것을 눈에 보이게 해야 한다. 이것이 우리가 문제를 기회로 바꾸는 방법이다. 이것이 우리가 긴장과 혼잡을 풀고 문제를 일으키는 것처럼 보이는 모든 것을 헤쳐 나가는 방법이다. 그렇게 할 때 우리는 해결책의 영역으로 이동할 수 있다. 우리 중 대부분은 현재 가진 것을 감사하고 고마워한다. 하지만 앞으로 받게 될 것에 대해 감사하는 사람은 얼마나 될까? 다음과 같이 말하는 연습을 해보자.

앞으로 내가 받을 축복에 감사합니다.

우리 가정에 화목한 환경이 조성되어 감사합니다.

나의 성장에 감사합니다.

새로움에 감사합니다.

내가 삶에 감사하는 태도를 보이고 있음에 감사합니다.

나의 감사하는 태도는 더 풍요로운 삶의 문을 열어줍니다.

이렇게 함으로써 당신은 대상과 조건에 따라 일하기보다는 자신의 의식에 따라 움직일 것이다. 당신은 최선을 기대하면서 계획을 세우겠지만, 감사를 표현할 수 없다면 쓰라린 경험도 하게 될 것이다. 하지만 사람들이나 상황이 당신에게 불리하다는 생각은 버려야 한다. 당신 자신이 인생을 엉망으로 만들었고 당신이 할 수 있는 일은 아무것도 없다는 생각에서도 자유로워야 한다.

감사의 마음이 분수처럼 솟아오르면 그 여파로 지금까지 미처 경험하지 못했던 최고의 몸 상태가 되어 큰 기쁨이 찾아올 것이며, 당신에 대한 지원이 늘어나 더 크게 번영하여 더 큰 삶의 기회를 얻을 수 있다. 어떤 상황이나 문제에 압도되어 앞이 보이지 않거나 감사를 생각하고 느낄 수 없다면 다음과 같이 해보자.

가만히 자리에 앉아

진정으로 감사하는 것에 대한

기억으로 되돌아가 보자.

신이 과거 문제들을 통해

여러분을 어떻게 인도했는지 생각해 보자.

과거의 축복에 대해 진심으로 감사하는 마음을 갖고 있다면

그분이 똑같이 오늘도 당신과 함께 인도하시고,

새롭게 하시고, 회복시키신다는 사실을 깨닫자.

그다음에는 현재 상황 너머로 생각을 투영하여,

당신이 받은 것에 대해 감사하라.

〈시편〉은 찬양과 감사의 내용을 담은 고난의 시기에 불렀던 노래다. 끔찍한 조건과 상황 속에서도 시편을 쓴 작가의 믿음은 흔들리지 않았다. 그는 하나님을 찬양하고 감사했다. 그분이 우주를 운행하며 궁극적인 선을 창조하신다는 것을 알았기 때문이다. 어쩌면 하나님은 왜 그런 상황이 항상 일어나는지 이해하지 못했을 것이다. 인간의 관점은 문제의 시간 속에서 매우 제한적이다. 하지만 그의 믿음은 결코, 흔들리지 않았다.

감사는 단순한 감기처럼 심적으로 받아들이는 것이 아니기 때문에 중요하다. 그것은 마치 꽃을 자라게 하는 햇살처럼 따뜻하다. 그것은 상황을 동결시키고 원하는 선이 나타나게 한다.

선택의 자유를 기뻐하라. 당신 자신이 법이다. 지금 스스로 말해보자.

감사는 내 존재의 모든 부분으로 들어와서
나를 변화시키고, 강화하고, 새롭게 하고, 온전하게 만드는
치유의 힘을 지니고 있다.
감사는 항상 나를 통해 흐르고 있다.
나는 모든 경험을 풍요롭게 하는
깊은 내면의 감사로 가득 차 있다.

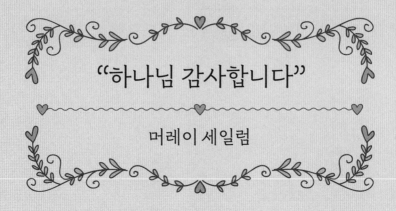

"하나님 감사합니다"

머레이 세일럼

지금은 고인이 된 머레이 세일럼은 한때 배우로 활동했으며 아널드 슈워제네거의 히트작인 〈유치원에 간 사나이〉의 시나리오 작가였다.

오래전 돌아가신 내 친할머니는 시리아의 평범한 농촌 출신 여성으로, 글을 읽지도, 쓰지도 못하셨다. 하지만 할머니는 신앙심이 매우 깊으셔서 무슨 일을 하든 간에 항상 하나님을 찬양하셨다. 적어도 하루에 백 번 이상 "하나님, 감사합니다."라고 외치곤 하셨다. 할머니는 좋은 일이 일어났을 때만 감사하는 것이 아니었다. 수프가 끓어 넘쳐 바닥이 엉망진창이 되었을 때도 할머니는 주변을 청소하면서 "감사합니다, 감사합니다, 하나님. 감사합니다, 하나님."이라고 말씀하시곤 했다.

나는 왜 나쁜 일이 일어났는데도 하나님께 감사해야 하는지 물어보았다. 할머니는 웃으시며 나쁜 일이 일어날 때는 우리가 하나님과의 연결(즉, 더 높은 힘)을 잊은 것이라고 말씀하셨다. 그 당시에는 할머니의 말씀이 좀 이상하게 느껴졌다. 할머니는 내게도 그렇게 하라고 말하셨기 때문이다. 내가 무릎이 까졌을 때 할머니는 "감사합니다, 하나님"이라고 말하라고 하셨다. 이상하게도 그 감사는 효과가 있는 것 같았고 이후 내 무릎은 더 나아졌다.

그러다가 다섯 살이 되어 학교에 가게 되었을 때, 타고난 내 외모 때문에 파란 눈의 금발 머리 애들이 나를 자주 놀렸다. 피부색이 까매서 아이들은 나를 "깜둥이"라고 부르곤 했다. 나는 학교에 가기 싫어서 부모님께 더 이상 학교에 보내지 말아 달라고 간청했다. 부모님은 안쓰러워했지만 나를 영원히 보호해 줄 수는 없었다. 그러자 할머니(SITU - '할머니'를 뜻하는 시리아 말)가 내 사정을 전해 듣고는 이렇게 말해주셨다. 애들이 나를 끔찍한 이름으로 부를 때마다 "감사합니다. 하나님"이라고 말하라는 것이었다. 그 당시에는 내가 들어본 것 중 가장 어처구니없는 말이라고 생각했다.

할머니가 그렇게 말씀하신 며칠 후에 한 무리의 남자아이들이 나를 "깜둥이!" 깜둥이! 깜둥이!"라고 외치자 속으로 무언가 울컥했다. "나약한 아이"처럼 보이지 않으려고 나는 온 힘을 다해 눈물을 참으려고 노력했다. 하지만 나 자신을 어떻게 할 수 없었다. 금방이라도 두 눈에서 눈물이 흘러나올 것만 같았다.

그때 할머니가 말씀하신 ""하나님, 감사합니다" 가 떠올랐다. 나는 조용히 혼자서 그 말을 반복하기 시작했다. '감사합니다, 하나님 감사합니다, 하나님.' 그러자 효과가 있었다. 정확히 무슨 일이 있었는지는 모르겠지만 눈물이 가라앉은 것이다. 갑자기 사람들이 뭐라고 생각하든 개의치 않았다. 아마 이제 내게도 하나님이라는 친구가 생겼다고 느꼈기 때문이다.

그것은 아주 오래전에 일어난 사건이며, 이후 나는 성공한 방송작가가 되었다. 세계 곳곳을 여행하고 수백 명의 아름다운 사람들을 만났다. 내 삶은 내가 기대했던 것 이상이다. 그리고 그 모든 일을 겪으면서도 나는 계속 "감사합니다, 하나님."이라고 말한다. 가끔 하루에 백번도 더 말한다. 사랑하는 할머니처럼 심지어 지금도 말하고 싶다.

"감사합니다, 하나님. 감사합니다, 감사합니다, 하나님"

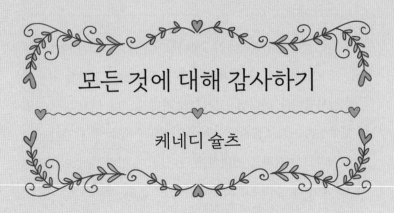

모든 것에 대해 감사하기

케네디 슐츠

케네디 슐츠 박사는 애틀랜타 종교과학 교회의 설립자이자 목사이다. 그는 신사상 분야의 교사와 강사로 잘 알려져 있으며, 그의 강의와 세미나는 미국과 해외 전역에 오디오 카세트를 통해서 널리 배포되고 있다. 슐츠 박사는 뉴욕대에서 상담학 석사 학위를 받았으며, 국제 종교과학 협회에서는 1987년 그를 회장으로 임명하고 국제 종교과학 종교학 박사 학위를 수여했다. 대표 저서로는 《진실의 유산》, 《당신이 힘입니다》 등이 있다.

독일의 위대한 철학자 괴테는 긴 인생이 끝날 무렵, 그가 다른 사람들에게 빚진 것을 모두 갚는다면 자신에겐 거의 아무것도 남지 않을 것이라고 말했다. 나이가 들수록, 그리고 더 현명해지기를 바라며 나는 이것이 절대적인 진실이라고 확신한다. 실제로 나에게 중요한 모든 것은 사람들이 내게 베푼 호의로 이루어졌다. 그리고 사람들이 해를 끼친 것은 내게 그들을 용서할 수 있는 은혜로움이 있었기 때문이다. 내 안에 있는 힘에 감사하면서 많은 것을 배웠다.

이것은 사람들이 우리에게 주었거나 우리에게 행해진 놀라운 것으로부터 어떤 영속적인 선을 받은 것에 대해 감사해야 한다는 걸 의미한다. 우리에게 가해진 해로움이 무엇이었든 간에 살아남았다는 사실에도 감사해야 한다. 지혜의 성장 없이는 실제적인 피해로부터 살아남기 힘들다. 그리고 때로는 우리가 최악의 상황에서 살아남기 위해서도 지혜가 필요할 때가 있다.

우리는 지혜를 과거로 되돌려 모든 것을 올바른 방법으로 다시 바꿀 수도 없다. 하지만 어떤 상황이 오더라도 지혜를 통해서 전보다 더 나은 방법으로 더 잘 해내는 것은 가능하다. 우리가 소유할 때까지 그 어떤 좋은 것도 우리 것이 되지는 않는다. 그리고 우리가 감사함으로 그것을 받아들이지 않는 한 그 어느 것도 소유하지 않는다. 다시 말해, 그것은 감사할 때까지는 내 것이 아니라는 말이다. 그렇다면 누구에게 감사해야 할까? 하나님께 감사하는 것이다. 우리가 사람들과의 관계에서 얻은 것을 감사하기가 항상 쉽지는 않다. 하지만 가치 있는 무언가를 얻었을 때 하나님께 감사하는 것은 언제든지 가능하다. 그리고 모든 생명에 대해 하나님께 감사하는 것에 익숙해지면 감사해야 할 다른 사람이 누구인지 명확해지고 그렇게 하는 것도 쉬워진다.

"범사에 감사하라"라는 옛 훈계에 동의하지만, 우리가 모든 것에 대해 감사한다는 의미는 아니다. 나쁜 일과 해로운 일에까지 감사하는 것은 합리적이지 않다. 좋은 것들에 무작정 끌려다니거나 나쁜 것들에 의해 나락에 빠지기보다는 잠시 시간을 내서 모든 일 중 최고와 최악인 것보다 더 위대한 하나님께 감사하는 마음을 가져 보자. 그러면 그 어떤 상황에서도 벗어날 방법을 찾을 수 있을 것이며, 어떻게든 그러한 경험 때문에 더 강해질 것이다.

감사하는 태도는 모든 것을 새롭게 만든다. 감사를 통해 생명의 창조적 힘인 하나님과 올바른 관계를 맺을 수 있으므로 우리에게 다가오는 최고와 최악의 상황 중에서 더 나은 쪽을 선택할 수 있다. 그리고 그러한 창조적 힘은 우리가 열린 자세로 대할 때 우리의 마음과 정신으로 가장 잘 흘러 들어간다. 당신에게 다가오는 좋은 일이 영원히 지속되지 않거나 당신이 경험하고 있는 나쁜 일이 계속 지속될 것 같은 두려움 때문에 당신의 신성한 파장을 막지 마라.

모든 것을 궁극적으로 유리하게 사용하는 방법을 알고 있는 영원히 지속되는 지혜가 내 안에 있다는 사실에 감사하라. 그렇게 하면, 여러분은 최선의 상태로 인생을 살아갈 수 있으며 나머지는 당연히 버릴 수 있는 사람이 될 것이다. 이것은 이전에 우리가 우스꽝스러운 세상에서 겪었던 일상의 투쟁에서 벗어나 우리가 더 자유롭게 살 수 있도록 해준다. 더 쉽게 용서할수록 우리는 더 쉽게 살 수 있다. 그리고 삶이 무엇인지에 대해 더 자연스럽게 감사할수록 우리를 넘어뜨리고 우리의 존재를 비하하곤 했던 말도 안 되는 종류인 것으로부터 더 자유로워진다.

나는 마이스터 에크하르트의 다음 인용문이 마음에 와닿는다.

"언제나 하느님의 선물을 받을 준비를 하세요. 하나님은 항상 새로운 선물을 주신다는 것을 기억하세요, 하나님은 여러분이 받는 것보다 천배나 더 많은 것을 주실 준비가 되어 있다는 것을 항상 기억하세요."

상황이 좋든 그렇지 않든 항상 최선을 다하려고 하지만 신이 부여한 힘에 감사의 마음을 전하지 못하는 이유는 그러한 힘을 가로막는 것들이 우리의 의식까지 막아버리기 때문이다.

하나님께 영원히 감사하는 관계를 발전시키려는 진지하고 영감 어린 종교적 노력은 그 두려운 것들을 없애줄 것이며 "주님의 길을 준비할 수 있을 것이다."

이것이 범사에 감사하는 마음이다.

감사의 힘

론 스콜라스티코

론 스콜라스티코 박사는 저명한 심리학자이자 영성 상담가이며 인간 의식 분야에서 25년간 연구한 경험을 바탕으로 작가로 활동하고 있다. 1978년부터 저자는 물질적 현실 너머에 존재하는 영적 존재를 탐구하고 심오한 지혜를 전하는 〈가이드〉의 대변인 역할을 해왔다. 대표 저서로는《지구 여행 : 마음 치유하기, 신체 치유하기》와《영혼으로 가는 출입구》등이 있다.

감사의 힘은 바쁘게 돌아가는 일상의 복잡함 속에서 종종 간과되곤 한다. 많은 사람은 감사의 느낌이 인간의 성격 형성에 강하고 유익한 변화를 끌어낸다는 사실을 알지 못한다.

예를 들어 감사의 느낌이 생기면 감정이 부드러워지고 삶에서 경험하는 사랑이 깊어지며 표현에서도 더 큰 기쁨과 행복을 불러일으킨다.

감사는 또한 당신 내부의 강한 내적 에너지를 자극해서 직관적인 능력을 꽃피우고 결국 더 심오한 영적 경험을 할 수 있게 해주며, 영원한 영혼으로서 당신의 존재를 잘 인식하게 된다.

감사를 좀 더 명확하게 이해하기 위해서는 삶의 두 가지 영역과 관련된 감정들을 살펴보아야 한다. 첫 번째 영역은 당신이란 존재의 영구적 측면에 대한 감사이며, 인간의 표현과 상호 작용하는 삶의 영적 현실을 포함한다. 두 번째 영역은 물리적 세계에서 일시적인 경험에 대한 감사다.

삶의 영구적인 측면에 감사하는 경우, 신체 내에서 개인적으로 자신을 경험할 수 있는 능력에 관심을 기울일 수 있다. 우리에겐 "나는 나다"라고 느끼는 것처럼 자아Self를 인식하는 특별한 능력이 있으며, 물리적 세상에서 생각하고, 느끼고, 행동할 수 있는 능력을 지니고 있다. 여러분의 존재에 대한 이러한 측면들은 종종 당연한 것으로 여겨지기도 한다. 만약 여러분이 지금, 이 순간 물리적 세계에 사는 것을 가능하게 하는 영원한 영혼이 휘두르는 에너지의 복잡성을 인식할 수 있다면, 당신은 자신의 신체와 자아 그리고 다른 사람들과 모든 생명에 대해 압도적인 감사와 사랑으로 가득 차게 될 것이다.

당신이 영구적으로 웅장함은 또한 생명을 창조한 힘으로부터 끊임없이 당신에게 흐르는 아름답고 강력한 영적 에너지와 연결되어 있다. 당신은 보통 이러한 창의성의 신성한 힘들을 인식하지 못하지만 매일 몇 분간 그 힘에 맞추어 침묵의 순간을 갖는다면 그것들을 느끼는 법을 배울 수 있다. 이러한 경험은 내면의 위대한 각성을 자극한다. 당신은 영적인 차원에서 끊임없이 일어나는 기적을 충분히 감사하고 축하할 수 있다. 그러한 경험을 통해 내면에 잠재된 감사의 힘을 쉽게 불러일으킬 수 있다.

감사의 두 번째 영역은 욕망, 야망, 성취감, 즐거움, 불쾌감, 그리고 우리들의 주관적인 경험의 다른 중요한 측면에 뿌리를 둔 인간의 표현이다. 만약 어느 날 돈을 잃어버리거나 실연 같은 부정적인 경험을 한다면 당신은 감사함을 별로 느끼지 못할 것이다. 하지만 어느 날에 수백만 달러를 상금으로 받는다면 감사함을 매우 쉽게 느낄 것이다. 따라서 우리는 일반적으로 기쁜 경험과 욕망이 충족되었을 때 감사를 느낄 것이며, 주관적으로 경험이 부정적일 때는 감사하는 마음을 갖기가 어렵다는 사실을 알게 될 것이다. 이것은 매우 "자연스러운" 인간의 세상과 관련된 반응이며, 우리가 감사함을 느끼게 될 때 그 시기를 결정하는 경향이 있다.

여기서 중요한 부분은 당신의 일상에 무슨 일이 일어나더라도 당신이 할 수 있는 만큼 많은 감사의 경험을 하도록 격려하는 것이다. 그렇게 되면 관련된 상황이 당신의 느낌에 따라 휘둘리지 않게 된다. 다시 말해 모든 일이 잘될 때만 감사함을 느낀다면, 도전의 시기에는 감사라는 중요한 감정이 사라질 것이다. 심지어 도전받고 있을 때라도 매일 몇 분간 시간을 내서 삶에 감사하는 마음을 느끼는 법을 배울 수 있다. 스스로 다음과 같이 말할 수 있다.

지금, 이 순간

내 인생의 사건들에 대해 어떤 감정이든 간에,

나는 내 감정에 휘둘릴 필요가 없다.

나는 평소의 생각과 감정을 놓아줄 자유가 있으며,

내 영혼과 하나님의 장엄함에 마음을 열고

바로 이 순간 인간의 모습으로 살 기회에

깊은 감사를 느끼기 시작한다.

그것은 여러분 자신을 기쁘게 하는 경험을 넘어서 기꺼이 감사할 수 있는 범위를 넓히는 것에도 도움이 된다. 당신의 노력이 필요할 때라도 다른 사람에게 도움이 되는 경험을 감사할 수도 있다. 비슷한 경우 성장에게도 감사할 수 있다. 심지어는 도전적인 상황에 의해 초래될 때도 성장에게 감사할 수 있다.

때때로, 도전적인 삶의 상황은 더 큰 용기, 힘, 헌신, 창의성을 표현하는 즐거운 경험 이상으로 더 많은 자극을 줄 수 있다. 여러분은 도전적인 상황이 공감과 연민에 대한 능력을 더 충분히 표현할 수 있도록 응원하면서 다른 사람에게 더 가까이 다가갈 수 있게 한다는 사실에 감사할 수 있다.

더 많은 삶의 상황까지 감사의 범위를 넓힘으로써 자신의 욕망이 충족되지 않을 때조차도 당신의 삶에 감사할 수 있다. 수많은 다양한 삶의 상황에서 강한 감사의 느낌을 만드는 법을 배우면 지금보다 더 강력하고, 더 창의적이며 더 높은 성취감을 느낄 수 있다.

매일 순간적인 인간관계가 즐겁거나, 도전적이거나 간에 우리는 자신에게 다음과 말함으로써 감사의 힘을 더 많이 자극할 수 있다.

나는 인간이라는 기적을 체험할 수 있는
특별한 기회를 얻게 된 것을 기뻐한다.
나는 살아가면서 다양한 경험을 할 수 있는 것에 대해
감사한다.
내 삶을 가능하게 하는
내 영혼 사랑의 힘과 하나님 사랑의 힘을 찬양한다.

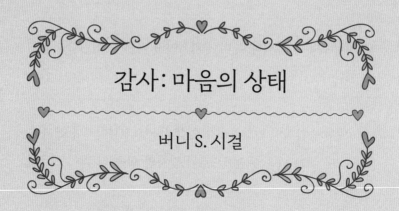

감사: 마음의 상태

버니 S. 시걸

버니 S. 시겔 박사는 전 소아과 전문의로 현재는 인도적인 의료 봉사와 의료 교육에 몸담고 있다. 그는 Ecap(예외적인 암환자)의 설립자이며,《사랑, 의학, 기적》,《평화, 사랑, 치유》의 저자이다.

나는 감사가 건강이나 부와 관련된 삶의 조건이라기보다는 마음의 상태라고 믿는 사람이다. 내가 경험했던 가장 훌륭한 감사 스승 중 하나는 '인생의 수감자들'이라고 말하고 싶다. 이 말이 무슨 뜻인가 하면 신체적으로 불편하거나 시설에 수용되어 있음에도 그 삶에 감사하는 사람들을 말하는 것이다. 일단 당신에게 주어진 삶에 감사하고, 사랑을 나누어 주는 기회로 여긴다면, 당신의 삶은 변화될 것이며 창조주가 의도한 대로 살아갈 수 있다고 나는 믿는다.

다양한 질병과 장애가 있지만 내가 건강하다고 말하는 사람들이 바로 그러한 사례다. 그들이 건강한 이유는 무엇일까? 그들은 내 동료의 아버지(일반의)가 "진정한 건강은 건강 없이도 살 수 있는 능력이다."라고 말하는 것을 알았기 때문이다.

샘 킨은 루게릭병에 걸린 한 친구에 대해 이야기한다. 그는 매우 아팠는데 숨 쉬는 것조차 힘든 상태였다. 샘은 친구를 만나고 온 후에 그의 태도에 대해 칭찬했다. 그 친구는 샘에게 "내가 이제 뭘 할 수 있는 거지?"라고 물었다. 그러자 샘은 "넌 오줌 싸고 신음할 수는 있어"라고 대답했다. 그의 친구는 "난 그렇게 생각한 적이 한 번도 없어."라고 말했다. 인생이 공평한지 묻는다면 사람들 대부분은 "아니오!"라고 외칠 것이다. 부자일수록 더 그렇다. 우리가 깨달아야 할 것은 삶은 힘들지만 불공평하지는 않다는 것이다. 우리 모두 문제를 안고 살아간다. 중요한 것은 그러한 문제들과 함께 살아가는 방법을 배우는 것이다.

어머니는 내게 "운명이었을 거야. 신이 방향을 바꾸고 계셔. 네게 곧 좋은 일이 일어날 거야."라고 말씀하셨다. 어머니는 내가 듣기에 비극적인 사건을 알려준 친구에게 "와인이나 한 병 마시자. 그러면 좋은 일이 생길 거야."라고 말했던 심리학자 칼 융을 많이 닮으셨다.

만약에 친구들이 좋은 소식을 전한다면 융은 아마도 "안됐지만 우리가 힘을 합치면 이겨낼 수 있을 거야."라고 말했을 것이다. 이 글을 읽고 웃는 분도 있을지 모르겠지만 복권 당첨자의 90%

이상은 당첨 후 3~5년이 안에 자신들의 삶이 망쳤다고 불평한다.

성경이나 탈무드는 우리에게 무엇을 전하고 있는가? 성경에서는 "인자가 섬김을 받으러 온 것이 아니라 도리어 섬기려 하고, 많은 사람의 유익을 위해 자신의 생명을 대속물代贖物로 주러 왔다."라고 말한다. 탈무드에 따르면 "자신에게 닥친 고난을 기뻐하는 사람은 세상에 구원을 가져온다."라고 말한다. 다른 종교 또한 우리에게 고난이나 역경에서 발견할 수 있는 선물이나 교훈을 가르친다. 〈욥기〉에서 우리는 고난이 치유되고 역경이 새로운 현실을 열어준다는 것을 배운다. 고난은 새로운 현실을 열어준다.

하나님의 책상 위에는 당신의 짐을 가볍게 하고 당신의 독특한 방식으로 사랑을 전할 기회로 인생에 감사하는 데 도움이 될 그녀가 가장 좋아하는 말씀이 있다.

첫 번째는 "모든 것에 대해 전적으로, 개인적으로, 돌이킬 수 없이, 영원히 책임감을 느끼지 말지어다. 그것은 바로 내 일이로다." 그리고 "하나님"이라고 서명되어 있었다.

다른 한 가지는 "너희들이 기억하는 모든 것을 나는 잊어버리고, 너희들이 잊어버린 모든 것은 내가 기억하고 있을지니."라고 적혀 있다.

우리가 지금 어려움과 고통 속에 살고 있음에도 불구하고 삶을 감사하게 생각하고 인생이 얼마나 값진 것인지 가르쳐주는 것은 무엇일까? 죽음, 바로 그것이다. 육체적, 정서적 고통이 없다면 우리는 살아남지 못할 것이다. 그러한 고통은 우리를 보호하고 사랑하는 사람들의 필요를 돌보도록 일깨워 준다. 죽음은 우리에게 이 땅에서의 제한된 시간을 가르쳐주고 삶이 얼마나 소중한 것인지 깨닫게 해준다. 피터 놀이 그의 마지막 일기에서 공유한대로, "시간은 돈이 아니다. 시간이 전부다. 마지막으로 무언가를 보는 것은 처음 보는 것과 거의 비슷하다. 그래서 사랑하는 물건과 사람에 더 많은 시간을 보내게 된다."

내가 여러분과 공유할 수 있는 것은 많은 고통을 동시에 느끼고 알게 되지만, 삶에 대한 감사와 창조의 모든 경이로움을 공유할 기회를 여러분과 나누는 것이다. 무엇보다도 아침에 눈을 뜨면 내 주변에 세상이 있다는 사실에 그저 감사할 뿐이다. 하지만 다음 날 아침에 일어나지 않기로 선택한 사람들이 있다는 것도 알고 있다. 우리는 서로 왜 다른가?

그 차이의 근저에는 태어나는 순간부터 받은 사랑이라고 생각한다. 그래서 감사함을 더 쉽게 느낄 수 있는 것 같다. 여러분 모두가 사랑하는 엄마처럼 서로를 대해주길 바란다. 어떻게 사랑할지는 여러분에게 맡길 것이다. 다만 사랑으로 섬기는 방법을 선택하라. 그리고 사람들을 만날 때마다 사랑을 표현하라.

우리가 이렇게 하면 모든 어린이가 다른 사람들의 삶을 섬기고 변화를 불러올 기회에 감사하게 될 것이다. 이 모든 일에도 불구하고, 감사는 항상 선택이며 자유 의지에서 나와야 한다. 에덴 동산은 선택의 여지가 없었기 때문에 지속되지 못했다. 우리에게는 선택권이 있다. 생명을 사랑하고, 동료 생명체를 사랑하고 감사하자.

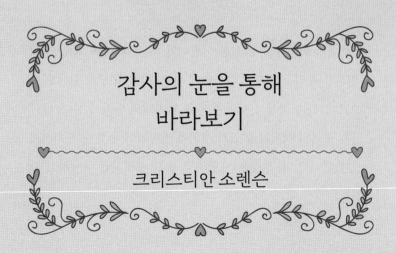

감사의 눈을 통해 바라보기

크리스티안 소렌슨

크리스티안 소렌슨은 캘리포니아 델 마르 씨사이드 종교과학 교회 담임 목사이다. 그는 남부 캘리포니아의 전 성직자 회장이며 국제 종교 과학운동 이사회에서 활동하였다. 그는 세계 여행자이자 진리를 추구하는 사명으로 중국, 인도, 아프리카 등의 이국적인 땅을 탐험하며 수백 명을 영적으로 지도해 왔다. 평생 메타물리학에 매진했던 소렌슨 목사의 의도는 모든 사물에서 영혼을 발견하는 것이다.

다섯 살이 되던 해 어느 명절에 할머니는 앞면에 "새해 복 많이 받으세요"라고 적힌 나비넥타이를 내게 선물로 주셨다. 하지만 솔직히 내가 갖고 싶은 선물은 따로 있었다. 사실 나는 제발 이 나비넥타이만 매지 않게 되기를 기도했다. 하지만 내가 쓴 감사 편지는 감사에 대한 가장 첫 번째 기억이다. 그 편지를 쓰면서 우리가 늘 그랬던 것처럼 나에게 모든 사랑과 관심을 보내주신 할머니를 마음속에 떠올렸다. 그리고 나는 이후부터 그 해 명절에 받은 선물처럼 아주 보잘것없는 것에도 감사함을 느끼게 되었다.

어릴 적 느꼈던 감사의 교훈은 내 삶에 풍부한 배당금을 제공했던 감사를 더 확장해 나가는 평생 습관을 나에게 심어주었다. 우리가 좋은 것을 바라볼 때는 긍정적인 측면에 집중할 수밖에 없다. 그러면 사람들 대부분의 생각을 지배하는 것처럼 보이는 부정적인 생각에서 자연스럽게 벗어날 수 있다. 성공한 사람들과 이야기를 나누어 보면 그들은 위험과 어려움이 아닌 기회와 가능성에 집중하는 태도를 보인다. 이들은 지금까지의 성공에 감사하고 인생이 자신들을 잘 대해주길 기대하는 사람들이다. 그래서 실제로도 그런 일이 일어난다.

종교과학의 창시자인 어니스트 홈즈는 그의 책《마음의 과학》에서 "우리 안에는 무한한 경험의 아직 태어나지 않은 가능성이 있다. 그리고 우리는 그것을 탄생시키는 특권을 가지고 있다!"라고 적혀 있다. 인생은 당신이 그 꿈을 믿기를 기다리고 있다. 우리가 긍정적인 흐름에 맞추기로 선택하면 현재 우리가 처한 어려움에 감사할 수 있으며, 더 큰 선을 이룰 기회로 볼 수 있다. 그리고 그 과정에서 우리는 성장하고 배운다.

감사하는 마음은 영혼을 재충전하고 우리 몸에 활력을 불어넣는다. 감사하는 마음은 우리를 영혼의 속박에서 해방시켜 주고, 의식의 날개는 창의적 지능과 함께 우리를 조화롭게·날아오르게 할 수 있도록 우리의 인식을 편안한 곳으로 인도한다.
아침에 일어나서 가장 먼저 수행하는 아름다운 연습은 인생에서 좋은 모든 것을 보고 느끼는 것이다. "맙소사 하나님, 또 아침이 왔네요."라고 말하는 대신에 "이렇게 좋은 아침을 주셔서 감사합니다, 하나님.", "또 멋진 하루입니다. 제가 살아 있어서 기뻐요. 오늘은 당신께서 만드신 날입니다. 나는 오늘을 즐기고 기뻐할 것입니다."라고 기도해 보자. 침대에서 일어나기 전에 최소한 12가지 정도의 축복을 생각해 보자,

여러분의 하루가 얼마나 더 나아지게 되는지 놀라게 될 것이다. (하지만 조심하자! 다른 사람들이 커피를 마시기 전에 활기차게 행동하는 것이 항상 좋은 행동은 아니다!)

인생은 우리가 그 무한한 다양성에 적응하기를 기다리고 있는 풍요로운 방송 시스템이다. 우리가 칭찬과 감사를 통해 긍정적인 측면으로 관심을 돌리면, 우리는 이 기부 주파수와 조화를 이루게 된다. 거기에는 항상 존재하고 확장하는 선으로 우리의 인식을 끌어당기는 자석 같은 힘이 있는 것처럼 보인다. 그것은 마치 우리의 의식과 잠재의식이 우리의 마음 상태를 뒷받침하는 경험만을 끌어들이기 위해 부지런히 일하는 것 같다. 감사의 눈으로 바라보면, 우리는 감사할 것들을 더 많이 끌어내는 통로가 된다. 우리는 항상 "범사에 감사하라"라는 말을 듣는다. 여기에는 나비넥타이, 우리의 몸, 그리고 매일 하는 호흡이 모두 포함된다.

인생에서 위대한 것들에 대해 감사하기는 쉽지만 "모든 것"에 대해 감사한다면 당신을 강력하고 조화로운 장소로 안내한다.

오늘 아침, 집 앞 델 마르 절벽에 앉아 하루를 맞이하면서 나는 너무나 아름다운 장면에 빠져들어 경외감이 들었다. 나는 펠리컨이 물 위를 미끄러지듯 날아다니는 모습에 그들과 일체감을 느꼈다. 나는 큰 파도를 타고 움직이는 돌고래의 기쁨을 느꼈다. 그리고 고래들이 물 위로 웅장한 지느러미를 들어 올리는 모습을 보면서 하나님의 위엄을 알게 되었다. 하지만 오늘 아침, 순간에 황홀함에서 함께 숨을 쉬는 나 자신을 엿볼 수 있었다. 그것은 바람과 완벽한 리듬을 이루는 썰물과 밀물의 흐름, 나머지와 완벽한 조화를 이루며 잔잔하게 물결치는 잔디와 호흡을 맞추는 내 모습을 발견할 수 있었다, 그리고 이 순간 나는 모래 알갱이 하나하나가 내 뱃속에서 온 우주와 완벽한 균형을 이루며 공명하고 있음을 느꼈다.

다시 나 자신으로 돌아왔을 때, 내가 느낀 경험을 달리 뭐라고 말할 수 있을까? 하지만……. 하나님 감사합니다.

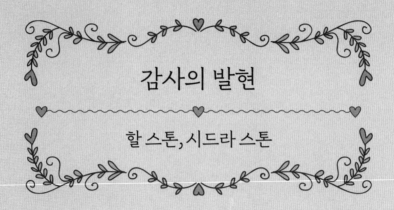

감사의 발현

할 스톤, 시드라 스톤

할 스톤과 시드라 스톤은《다락방 속의 자아들》,《서로를 포용하기》,《내면의 비판을 포용하기》의 저자이다. 할 스톤은 1970년대 초 로스앤젤레스에 미국 최초의 전인적 치유훈련 센터인 힐링아트센터를 설립했다. 시드라 스톤은 로스앤젤레스에 사춘기 소녀들을 위한 거주 치료센터인 햄버거 홈을 운영했다. 1982년부터 두 사람은 미국과 해외 등지를 여행하며 강의하고 있으며, 캘리포니아 북부 해안 멘도시노 카운티에 있는 자택에서 임상과 글쓰기 활동을 진행하고 있다.

아무리 긍정적으로 보려고 노력해도, 본질적으로 선하거나 악한 인간의 감정은 없다. 모든 것은 이 선악의 감정을 어떻게 사용하느냐에 있다. 우리의 능력은 이 특정 에너지를 인식하는데 달려 있다. 이 존재의 에너지가 우리가 사는 세상에 어떤 가치를 드러내려고 하는지, 가치를 드러내는 방식에 관해, 적절한 선택을 하여 사용하는 것뿐이다. 이러한 존재 또는 에너지는 우리가 어떤 생각이나 느낌 또는 경험을 선택하여 사용할지를 결정한다. 우리는 오직 이런 식으로 특정 감정이나 생각이 선이나 악의 힘이 되는 방식으로 나타나고 있는지 분별할 수 있다. 감사도 이러한 법칙에서 예외가 될 수 없다.

우리가 자주 경험하는 감사와 사랑은 본질적으로 상관관계에 있다. 말하자면, 감사를 느끼게 하는 누군가가 필요하거나 개인이나 집단이 감사를 불러일으키는 어떤 행동을 해야 사랑을 느낄 수 있다. 감사의 문제는 변혁적 작업에서도 매우 기본적이다. 왜냐하면 모든 종류의 의식 교사에게서 일반적으로 도움을 받는 개인에게서 발견되는 핵심 감정이기 때문이다. 이러한 방식으로 사용되는 것은 교육, 훈련 또는 치료 관계에서 한편으로는 학생과 다른 한편으로는 교사 사이에 존재하는 변혁적 관계의 일부이다. '교사teacher'라는 의미에는 치료 또는 치유 전문가, 작가와 같은 모든 치료 양식을 포함할 것이다. 여기서 '학생student'은 내담자, 피험자, 환자 또는 구도자 등 교사로부터 도움을 받은 사람들을 포함할 것이다.

감사에 대해 혼란스러운 부분 중 하나는 개인이 수많은 다양한 방식으로 경험할 수 있다는 것이다. 감사를 어떻게 경험하였는지 그리고 시간이 지남에 따라 어떻게 나타나는지에 따라 누군가의 성장 과정에 큰 영향을 미친다. 우리는 감사가 인식의 여부에 따라 어떻게 나타나는지 그리고 각각의 조건에 관한 결과는 어떠한지에 초점을 맞추려고 한다. 우리는 또한 치료 또는 치유 단계에서 특히 교사/학생 관계에 적용되는 경우와 더 큰 의식을 추구하는 개인과의 대소 그룹 활동에 집중할 계획이다.

인식하지 않은 상태에서 감사는 개인의 어린아이 같은 측면을 통해 발현되는 경향을 보인다. 어린아이라는 측면이 의미하는 것은 교사와 학생 간에도 부모-자녀 같은 상호 작용이 있다는 것이며 그 학생은 교사에 대해 아들이나 딸 같은 역할을 한다는 것이다. 여기서 발생하는 감정은 매우 강할 수 있지만 부모-자녀 상호 작용의 매개 변수 내에서 발생한다. 우리는 이러한 부모와 자녀의 상호 작용을 유대감 모델이라고 한다.

예를 들어, 정신적으로 도움을 받는 학생은 교사와 특별한 감정적 관계에 빠지는 경향이 있다. 학생은 감사와 사랑의 마음으로 가득 차게 되며, 진정으로 그(그녀)의 잔이 넘친다. 이것은 교사/학생 관계의 자연스럽고 유기적인 부분이며 일반적으로 영적 입문의 일부인 사랑과 감사이다. 하지만 이러한 형태가 영원히 남아 유지된다는 의미는 아니다.

이처럼 부모와 자식 같은 상호 작용은 어떤 결과를 초래할까? 어떻게 그처럼 아름다운 관계가 부정적인 것으로 간주될 수 있을까? 자녀의 공간에 감사가 너무 많으면 근본적인 취약성이 무의식적으로 남아있어, 권한 부여를 하기가 어려워진다. 그때는 학생의 내면 아이(취약성)를 교사가 돌보는 것이다. 이러한 상황에서 학생은 영적 수준에서 계속 성장할 수 있다. 하지만 교사에 대한 의존성이 커지고 교사와의 관계를 너무 긍정적으로 유지하려는 경향이 생긴다. 이러한 내적 아이에 대한 사랑과 친밀한 관계를 잃게 된다는 깊은 두려움에 기인한 간절함은 부작용으로 이어진다. 학생은 치료사에게 반응하는 것을 두려워할 것이며, 어떠한 부정성도 나타나는 걸 두려워할 것이다.

우리가 지적했듯이 이것은 의식의 성장 과정에서 매우 자연스러운 부분이다. 이것이 교사에 의해 이해된다면 학생은 자신의 취약성을 인식할 수 있도록 도움을 받게 되고 내면의 아이에 대한 궁극적인 책임은 자신에게 있음을 인식하도록 훈련받는다.

일단 구도자가 이러한 방향으로 움직이기 시작할 수 있다면 우리는 발전을 시작할 수 있는 인식 상태가 된다. 그리고 그 사람은 힘과 취약성을 모두 포용하기 시작한다.

이러한 과정이 발전함에 따라 감사의 성격도 중요한 변화를 겪기 시작한다. 구도자는 여전히 스승의 도움, 사랑, 좋은 느낌, 그리고 그 밖의 모든 것에 여전히 감사한다. 하지만 개인적 힘을 발휘하려고 하고, 위험을 무릅쓰고 감정을 표현하려는 의지로 발전하여 문제가 되는 때도 있다. 하지만 이제는 그러한 위험을 감수하는 것이 더 안전하다. 왜냐하면 외부의 교사는 더 이상 내면 아이의 부모가 아니기 때문이다. 이제 우리 아이의 부모는 자신의 자각을 가진 우리 자신이다.

감사는 일반적으로 사랑과 연민의 숨구멍을 열어주는 감정이다. 치유 예술에서 감사는 스승과 학생의 상호 작용에 대한 정서적 유대감의 기본이 된다. 이러한 인식이 없으면 긍정적인 느낌만을 지나치게 강조할 수 있으며, 그 결과로 의존성과 사랑과 감사, 연민에 대한 강조가 너무 드러난다. 하지만 그것을 인식하고 있으면 학생에게 궁극적인 권한 부여 과정으로 이러한 감정을 방해하지 않고 충분히 경험하고 감사할 수 있다. 그것은 교사로서 적절하게 조절할 수 있는 목표가 되어야 한다.

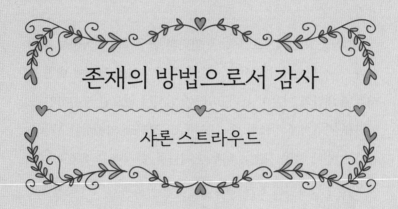

존재의 방법으로서 감사

샤론 스트라우드

샤론 스트라우드는 1991-92년 올해의 여성으로 선정되었으며, 융 신학자이자 영감을 주는 연사, 상담가, 교사로 25년 동안 활동해 왔다. 그녀는 세계 평화, 학대받는 여성, 어린이, 에이즈 같은 대의를 가르치고, 치유하고, 힘을 실어주고, 지원하는 영적 센터인 생명 축하 센터 설립자이며, 하반신 마비 및 사지 마비 환자가 삶을 재건하는 치료단체인 챌린지 센터를 만들었다. 그녀는 또한 종교과학 성직자 연합회 회장을 역임하기도 했다.

나는 감사가 존재의 한 가지 방식이라는 사실을 알게 되었다. 이 승에서의 모든 것은 우주로부터 받은 선물이며, 우리가 "삶"이라고 부르는 것은 우리의 인식이 깊어지는 우주로 되돌아가는 일종의 선물이다. 감사는 이러한 감정을 느끼는 사람에게서 발산되는 유형적 물질이다. 이러한 물질은 주변 환경과 의복과 사물에 스며들고 만연된다.

'존재의 방법'으로서 감사는 축복의 예술과 과학의 형태로 발현되기 시작한다. 그것은 모든 생명이 에너지의 진동 주파수에 맞추어 움직인다고 우리가 깨달을 때 이해가 가능하다. 우리가 생명을 불어넣는 에너지는 우리에게 다시 돌아오는 같은 에너지다. 하지만 우리가 원하는 삶의 결과로 받아들이지 않을 때는 이 에너지를 다루기가 곤란해진다. 그러나 각 경험은 그 메시지를 받아들이고 그 이후의 선물을 기꺼이 받아들이는 우리의 의지를 통해 그 자체로 보상받는다. 이것이 기적을 위한 공간을 만들어 낸다.

내가 어렸을 적에 우리 가족은 호두나무가 많이 자라는 지역에서 살았다. 그리고 나에게는 위로 올라가서 쉴 수 있었던 '특별한 나무'가 있었다. 그 나무는 내게 특별한 친구였고, 나는 정말 그 나무가 고마웠다. 나무는 나의 모든 생각을 항상 들어주었으며, 언제든지 올라가서 주변 세상을 한눈에 볼 수도 있었다. 배가 고파지면 나무는 달콤한 열매도 나누어 주었는데 나는 매우 만족했다. 나는 또한 호두 껍데기를 이용해서 종이 돛과 이쑤시개 기둥을 단 작은 배를 만들기도 했다. 그렇다. 나무는 나의 친구였고 나는 감사함을 느꼈다

우리 가족을 도와 줄 일손이 필요할 때, 어머니는 호두나무 가지를 흔들어 줄 이민자 노동자들을 고용했다. 그리고 어머니와 나는 하나님의 푸르른 대지에서 가장 아름다운 호두를 수확하여 자루에 가득 담곤 했다. 호두 판매로 인해 우리의 크리스마스는 언제나 즐겁고 풍족했다. 이 모든 일이 일어났던 당시에는 어머니의 수완에 대해 감사를 느끼지 못했다. 호두를 수확하는 시기

에는 말 그대로 두 손이 검게 물들어 주변 피부가 온통 까맣게 된다. 시간이 지나면 점차 피부색이 옅어지기는 했지만, 학교 아이들은 나를 보고 놀리곤 했으며 선생님도 나에게 집에 가서 더러운 손을 씻고 오라고 말할 정도였다.

몇 년 후 나는 이때의 경험을 되돌아보며 주체할 수 없는 감사함을 느낀다. 왜냐하면 그 경험으로 나는 즉각적인 순간에 이용이 가능한 것을 바라볼 수 있으며, 그것을 축복하고 그 본질이 나의 유익을 위해 어떻게 증가하는지 지켜볼 수 있게 되었기 때문이다. 그것은 또한 어려운 상황에서 우리의 이해와 사랑이 필요한 사람들에 대한 깊은 연민을 갖도록 해주었으며 우리 앞에 펼쳐지는 활동을 만들어 내는 사랑을 확인할 수 있다는 점이었다.

"감사의 태도"는 20년 동안 사역하는 동안 내게 큰 도움이 되었다. 축복의 기술은 무언가가 표면 아래에서 작동하고 있으며 우리는 그 과정을 신뢰해야 한다는 사실을 깨달으며 아름다움을 날개에 품고 있는 존재의 천사에게 기꺼이 내맡기는 것에서 비롯된다.

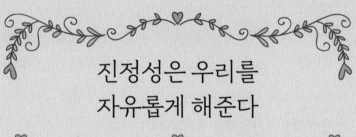

진정성은 우리를
자유롭게 해준다

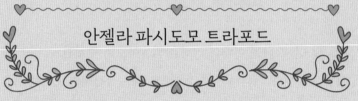

안젤라 파시도모 트라포드

안젤라 파시도모 트라포드는《영웅의 길: 암을 극복하고 자기 치유에 이르는 한 여성의 여정》의 저자다. 안젤라가 암이라는 "선물"을 처음 받았을 때 그녀는 그것이 자신의 일생에서 변혁으로 가는 길이 될 것이라는 사실을 깨달았다. 몇 차례의 화학 치료와 방사선 치료 후 그녀는 버니 시걸 박사의《사랑, 의학, 기적》이라는 책을 알게 되었으며, 그 책에 잘 요약된 시각화 기법을 연습하기 시작했다. (시걸 박사의《평화, 사랑, 치유》에서 다시 언급된) 그녀의 독특한 치료 경험의 결과로 안젤라는 "사람을 보는" 재능을 발휘하여 자신의 삶과 건강을 변화시키고 그들의 삶의 방식을 변화시키는 데 도움을 준다. 현재 그녀는 믿음과 사랑의 힘을 통해 살아가는 방법을 사람들에게 가르치고 있다.

"자비의 품질은 하늘에서 내리는 부드러운 비처럼

결코, 긴장되지 않네."

내 마음속의 무조건적인 사랑에 감사함을 느낄 때마다 위의 말이
떠오른다. 그것은 내가 용서받았음을 알기 때문에 창조의 근원에
서 흘러나오는 사랑을 말한다.

　　왜 용서가 필요한가? 왜 용서해야 할까? 왜냐하면 내가 인간
이기 때문이다. 나 자신과 다른 사람을 용서하는 연습을 하면서,
나는 내 안에서 감사가 부풀어 오르는 것을 느낀다. 하나님의 관
대하심에 대한 증거로 매 순간 나는 겸손해진다. 감사는 내 마음

을 움직여 눈물을 흘리게 한다. 내가 사랑받고 있다는 사실을 깨닫는 것은 겸손한 일이다.

이러한 깨달음은 나의 마음을 열어주고 성장하게 만든다. 나는 하나님과 깊은 교감을 느끼며 다른 사람에 대한 깊은 사랑을 느낀다. 누군가 위험을 무릅쓰고 나를 돌봐주었고 이러한 기적에 감사한다! 감사는 하나님과 우리 인간을 연결해 준다. 세상에 감사가 부족하다고 느낄 때면 나는 우리의 상처 속에서 우리가 고립된 인간이 되었음을 깨닫는다.

우리는 동료 인간과의 영적 연합에서 진정한 관계를 맺을 수 있는 친밀감의 경험을 거부하고 있다. 우리는 우리의 영혼을 거부하고 있다.

치유 작업 초기에 나는 내게 도움을 청하러 온 일부 고객들에게 감사하는 마음이 부족하다고 느끼면서 낙담했다. 그때 앨버트 슈바이처가 아프리카 선교지에서 했던 설교 내용을 읽었다. 그 내용을 간단히 말하면 그는 감사가 부족하다고 느낄 때 자신 내면을 들여다보고 감사를 표현하고 있는지 확인한다. 나는 이 말씀을 실천하기 시작했으며 세상이 바뀌어 간다는 것을 알게 되었다. 진정성을 갖는 것만이 진정으로 작동하고 우리를 자유롭게 해준다.

몇 년 전 친구와 함께 아름다운 정원을 걷고 있었는데 커다란 흑 거미 거미줄에 잠자리가 걸려 몸부림치고 있는 모습을 보고 겁에 질려 걸음을 멈추었다. 내가 그 광경을 보았을 때 잡혀 있던 잠자리가 몸을 움직이자, 거미가 깨어났다. 그 거미는 불쌍한 먹이를 향해 천천히 기어오르기 시작했다. 나는 그 잠자리의 고통을 느낄 수 있었다. 그 잠자리는 목숨을 걸고 싸우는 중이었다!

연민에 사로잡힌 나는 재빨리 손을 뻗어 순식간에 그 잠자리를 풀어줬다, 배고픈 거미는 매우 실망스러워했다. 나는 그 잠자리를 근처 벤치로 데려가 더듬이와 다리에 붙은 거미줄을 조심스럽게 제거해 주었다. 햇빛이 비치자, 잠자리의 날개는 무지갯빛으로 반짝였다. 나는 항상 잠자리를 무서워했는데, 이 잠자리는 매혹적이고 아름답게 보였다.

잠자리는 내 손가락에 앉아 날아가려고 서두르지 않았다. 정말 신기했다. 한참 지난 후에 나는 잠자리가 무당벌레처럼 잘 날아갔으면 좋겠다고 빌면서 위로 날려버렸다. 그러자 날아갔다가 다시 돌아와서 내 어깨에 볼을 비추며 오후 내내 머물렀다. 내가 바보 같다고 생각할지 모르지만, 맹세컨대 잠자리는 내게 고마워했다! 그 이후로 나는 잠자리 왕국과 밀접한 관계를 맺었다. 마음속으로는 잠자리 왕을 구해냈다고 상상하며, 이제 내가 어디를 가든 잠자리 왕국의 자연 보호 구역에서 환영받는 손님이 된 것 같왔다. 잘은 모르겠지만 이런 경험은 내 기분을 좋게 만들어 준다.

한 친구는 부엉이를 구해준 적이 있는데 그 부엉이가 몇 년 동안 침실 창가에 있는 나무를 찾아왔다고 했다. 우리 인간도 자연처럼 될 수 있으면 좋겠다.

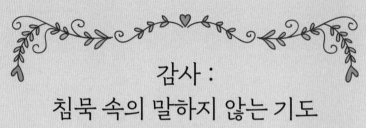

감사 :
침묵 속의 말하지 않는 기도

라마 버논

라마 버논은 캘리포니아 요가 강사협회 설립자이자 〈요가 저널〉의 발행인이다. (미국과 소련의 시민들이 대화를 통해 차이를 극복하는 프레임 워크를 만들기 위해 1984년에 설립된- 역자 주) 국제 대화 센터의 회장으로서 라마의 국제적인 업적과 요가 분야에서 그녀의 탄탄한 배경을 기반으로 그녀는 분쟁 해결 평화 연구소를 공동으로 설립하였다. 이 연구소는 분쟁 해결 국제 전문 팀을 만들기 위해 내, 외적 비폭력 훈련의 근간으로 동서양의 심리학과 영적 원리, 파탄잘리 요가 경전 등을 활용한다.

"천사들은 이기심 없는 마음에서 방출되는 감사의 빛을 찾아 지상 위로 날아오른다."라고 어느 위대한 관찰자가 언젠가 말한 적이 있다.

'Gratitude'라는 단어는 웹스터 사전에서 "감사 느낌의 자질 또는 감사하는 상태"로 정의한다. 'Grateful' 또는 'Thankful'은 위대함과 감사하는 마음이 가득함을 의미한다. Gratitude는 1년 중 하루가 아니라 매일, 매분, 매 순간, 감사의 마음을 전하는 것을 말한다. 우리의 삶과 다른 사람들과의 표현은 우리가 전체이며 자신 안에서 완전하다는 깨달음으로 꽃을 피운다.

나에게 있어서 감사는 항상 말없이 조용하게 기도하는 것과 같았다. 그것은 마치 우리 영혼의 중심으로부터 파견된 날개 달린 메신저처럼 행동하여 개인적인 야망과 원하고 필요로 하는 것에 대한 요구를 삶의 주기와 패턴의 초월적인 관점으로 바꾸어 준다.

감사와 고마운 감정이 삶의 한 방식이 되고 육체적, 영적, 물질적 풍요가 동시에 공존하면, 우리의 개인적 힘은 우주의 힘과 결합하여 우리 자신을 치유하고 나아가 세상까지 치유한다. 감사는 우리를 더 높은 진동의 세계로 인도한다. 감사는 우리를 긴장과 질병의 세포 주머니를 변화시키는 높은 주파수대로 데려다 준다.

숨 쉴 때마다 감사를 표현할 때, 우리는 연민, 사랑, 이해로 하나가 된 교향곡을 만들어 낸다. 내면 분리의 경계가 사라지고 모두 하나가 됨을 인식할 수 있다. 인생의 가장 어두운 순간에도 우리는 경외심과 충만함으로 우리 자신을 열 수 있다. 위기가 새로운 기회를 낳는다는 것을 알기 때문이다. 수용과 감사의 기쁨으로, 인생에서 일어나는 사건은 꾸준하고 부드러운 의식의 흐름처럼 흐르며 걸림돌은 디딤돌로 바뀐다.

감사는 더 높은 힘에 대한 우리의 제물이다. 우리 자신보다 더 큰 무언가가 있다는 믿음, 우리를 인도하고, 붙잡고, 보호하고 있다는 믿음을 갖는 것이다. 감사의 실천은 우리를 하나로 묶고 힘을 실어주는 공명의 장을 만드는 재물이다.

그렇다면 어떻게 감사를 실천할 수 있을까? 매일 말 한마디, 생각 하나하나, 몸짓 하나하나로 감사를 실천할 수 있다. 비록 필요하고 원하는 목록이 있더라도, 스스로 지금 감사해야 할 것이 무엇인지 자문해 보라. 처음에는 사소해 보일 수 있겠지만 당신의 삶에서 감사를 유발하는 것들을 찾아보라. 곧 여러분은 저절로 활기차고 즐거운 기분이 들기 시작할 것이다. 1년에 한 번이 아니라 매일 감사 연습을 하는 것이다. 감사 목록을 작성하고 그것이 점차 늘어가는 것을 지켜보라. 부족함보다는 지금 내 삶에 존재하는 풍요로움에 집중하라.

먼저 완전하고 전체적인 인생의 목표를 세워보자. 그리고 그것을 긍정하고 실현하라. 그렇게 해보자. 자신을 넘어서 도달할 수 있는 것은 없다. 당신은 우주, 그 자체의 완벽함에 담겨있다. 셰익스피어는 "태도를 취하라. 그러면 그것은 당신 것이 될 것이다."라고 말했다.

언제 어디서나 감사를 실천할 수 있다. 감사 연습을 하려면 자신의 호흡을 의식해라. 숨을 들이마실 때, 우주적인 의식이 모든 방향에서 여러분 자신의 존재 중심으로 당겨짐을 상상하라.

편안하게 숨을 참으면서 충만감과 완전함을 느끼며 호흡을 유지하라. 숨을 내쉬면서 내면의 충만함과 기쁨, 풍요로움을 세상에 퍼뜨려라.

내가 수년 동안 감사하는 마음을 기르는 데 도움이 되는 몇 가지 다른 제안은 다음과 같다.

- ♥ 옆에서 일하고 걷는 동안에 모든 사람을 보편적인 사랑의 빛으로 바라보기.
- ♥ 말로 상처를 주기보다는 말이 치유가 되도록 하기.
- ♥ 가장 먼저 용서하고 첫 번째 조처를 하기.
- ♥ 인생에서 만나는 모든 사람을 사랑과 감사(특히 과거 또는 현재의 어려움)로 대하기
- ♥ 어디서든 무조건적인 사랑을 쏟아내는 자발적인 통로가 되기.
- ♥ 자신이 보고 싶은 평화를 구현하기

내게 감사는 마음과 정신의 태도이다. 감사는 내면에서 시작하여 내 영혼의 모든 부분을 통해 흐른다. 그것은 내 존재의 어떤 영역도 손대지 않는다. 감사는 나의 모든 것을 아우르며 내가 상상할 수 있는 최고를 열망한다. 내게 감사는 행동이 아닌 존재의 상태다. 그것은 창조주와 모든 생명체에 대한 끝없는 사랑이다.

무조건적인 감사

도린 버츄

도린 버츄는 형이상학자이며 심리학 영성 분야의 박사다.《천사
의 시각》을 비롯하여 수많은 베스트셀러 작가이며, 종종 라디오
와 TV 쇼에 출연하고 있다. 그녀는 여러 출판물에 자주 기고하
고 있으며 주말마다 전국을 돌며 워크숍을 진행한다.

모든 상황을 제대로 인식하면 치유의 기회가 된다.

– 기적 수업

친구가 일부러 나를 도와주려고 노력하는 순간이나 특별히 마음에 드는 선물을 받았을 때 감사함을 느끼기는 비교적 쉽다. 우리는 강렬한 교회 예배, 명상 시간, 또는 개인적인 문제가 기적적으로 해결되었을 때와 같은 영적인 순간에도 쉽게 감사의 느낌을 받는다.

하지만 다른 순간들, 즉 감사가 절실하게 필요하지 않은 순간은 어떨까? 우리가 진정으로 주변에서 일어나는 일에 감사하지 않을 때도 감사에 집중할 수 있을까?

종종 우리가 느끼는 감사는 도중에 레코드판처럼 박자를 건너뛰는 경우가 있다. 그럴 만한 상황이 되면 우리의 마음은 감사로 부풀어 오른다. 하지만 다른 순간에 우리는 삶을 통해 끊임없이 퍼져나가는 영원한 힘을 잃어버린다. 우리는 "무엇을 위해서 감사해야 할까?"라고 생각하게 된다. 다시 말해서 우리가 마음을 닫아버린 상태에서 섬세하고 미묘한 교훈을 깨닫지 못하면 기적은 일상에서 뒷전으로 밀리게 된다. 왜냐하면 사실 세상에는 항상 감사할 것이 있기 때문이다.

하나님의 놀라운 능력은 끊임없이 작동 중이며, 우리가 배우고 성장하기 위해, 필요한 것을 정확히 제공한다. 우주 법칙은 우리 자신에 대한 귀중한 진실을 발견할 꾸준한 기회를 자동이고 즉각적으로 제공한다. 우리는 항상 우리가 마주한 장벽, 욕망 또는 질문 등에 맞는 완벽한 교훈을 찾아낸다. 우리는 이러한 교훈을 알아차리는 것 외에는 아무것도 할 필요가 없다. 이러한 상황에 내재한 기회를 인식하지 못하면 우리는 결국 교훈과 기회를 얻을 때까지 계속해서 교훈을 줄 상황을 계속 반복하게 될 것이다.

감사는 모든 상황에 대한 우리의 표현 방식이다. "환영합니다! 기다리고 있었어요! 배우고 성장할 수 있도록 도와주셔서 감사합니다."라고 말하는 것이다. 우리는 이러한 감사의 일종으로 삶의 교훈에 직면했을 때 항상 더 강하고, 더 현명하며, 더 많은 평화로운 힘으로 가득 차게 된다. 감사를 통해서 우리는 우리 자신과 인연법의 영적 법칙을 신뢰하는 우주를 볼 수 있다. 우리는 단지 우리 생각의 결과인 어떤 지식을 통해서 각각의 상황을 두려움 없이 마주한다. 어떤 상황도 처벌이나 보상이 아니다. 그것은 단지 결과일 뿐이다.

그러므로 우리가 처한 모든 상황은 거울을 통해 우리의 사고 패턴이 완벽하게 반영된 모습을 볼 수 있는 기회이다. 우리가 어떤 것을 부정적 또는 긍정적인 상황으로 분류하든 간에 우리가 처한 모든 상황은 생각의 산물이다. 이 질서 정연한 우주에서 무작위로 당신의 생각에 적합하지 않은 상황을 끌어당기는 것은 불가능한 일이다. 우리가 끌어당기는 상황의 패턴을 신경 쓰지 않는다면 우리는 그 본질인 우리의 생각과 마주할 수 있다. 영적 성장은 자신에게 맞지 않는 생각을 발견하고 더 건강한 생각으로 바꾸려고 결심하는 것이다. 마치 정원에 돋아난 잡초를 제거하는 것과 비슷하다.

그 형태나 물리적 외형이 어떠하든, 주어진 인생의 상황을 최고와 최선을 위해 보내진 스승으로 여겨라. 이러한 스승들은 제한적이며 두려움에 기반을 둔 믿음을 확인하고 그로부터 여러분이 자유로울 수 있도록 도와주는 안내자들이다. 이 스승들을 통해 여러분은 하나님의 관계를 신뢰하고 기대는 법을 배우게 된다. 그리고 하나님께 더 많이 의지할수록 조화와 풍요로움의 수문을 열 수 있다.

내 고객 중 한 명은 무조건적인 감사의 혜택을 극적으로 발견했다. 전화 상담 기간 바로 직전에 나는 명상 중이었기 때문에 하나님의 사랑에 집중한 상태였다. 그녀가 가장 먼저 말한 내용은 자신의 차가 갑자기 고장 났다는 것이었다. 하지만 차를 수리하는데 드는 수백 달러를 낼 여유가 없다고 말했다.

그녀의 말을 듣고 나는 곧바로 이렇게 소리쳤다. "훌륭하네요. 하나님은 당신을 위해 무언가 대단한 계획을 하고 있군요. 하나님께 감사의 마음을 보냅시다."

하나님에게 큰 믿음을 갖고 있었던 그 여성은 깊게 심호흡하더니 잠시 머뭇거렸다. 그리고 마침내 내 요청에 응답했다. "네 좋아요. 저도 지금 상황이 최선이라고 믿고 싶어요. 하지만 어떻게 해야 할지 잘 모르겠네요."

"어떻게 해야 할지는 우리가 아니라 하나님의 뜻에 달려 있어요."라고 내가 그녀에게 설명했다. "일단 하나님께 감사의 마음을 표현하세요. 그리고 당신에게 필요한 것은 이미 모두 제공되었다는 사실을 알아두세요." 그녀와 나는 하나님께 기도하고 감사의 말씀을 전하는데 합류했다. 우리 두 사람은 현재 상황이 아주 특별한 경우이며, 항상 잊을 수 없는 하나님의 힘이 나타나게 된다는 사실을 알고 있었다.

우리는 상황이 진정될 때까지 대화를 나누었으며 그녀가 필요한 것들이 이미 제공되었다고 진정으로 믿을 수 있게 되었다. 성경에 나오는 예수님의 말씀을 반영하는 발현의 원칙은 다음과 같다.

"무엇이든지 기도하고 믿음으로 구하는 것은 받으리라." 성공적인 발현은 세 가지 요소에 따라 달라진다. 그것은 이미 충족되었다는 사실을 믿고 제공되는 것에 감사하는 마음이다. 내 고객인 그녀가 이 세 가지 요소를 마음속으로 차분히 간직했을 때 나는 그녀에게 상황을 하나님께 내맡기라고 말했다. 이후 그녀의 차 문제가 해결된 것은 평소 그녀가 무조건적인 감사를 표현해왔기 때문에 당연한 결과였다.

나는 고객이 불길 속을 걷는 것과 비슷한 일에 직면했을 때 항상 감사하게 생각한다. 일단 사람이 두려운 상황에 부닥쳤을 때 하나님의 손을 잡고 있다면 그녀는 다시는 우주에서 혼자라고 생각하지 않을 것이다. 그녀는 직접 경험을 통해서 항상 하나님을 신뢰한다는 사실을 알고 있을 것이다. 이러한 감정적인 상황을 해결한 후, 모든 사람은 항상 자신과 하나님을 이전보다 더 신뢰하게 된다.

명상이 끝난 후 그녀는 전화로 내게 좋은 소식을 알려왔다. "박사님 말씀이 맞았어요." 그녀는 거의 열정적으로 내 귀에 소리를 내질렀다.

"갑자기 제 동료 중 한 명이 자신의 고급 중고 승용차를 헐값에 저에게 준다고 하더군요, 그녀는 고작 100달러밖에 원하지 않았어요."

내 고객이 하나님을 신뢰하는 모습을 보여준 이후로 그녀는 예전 같지 않았다. 그녀는 도전을 기회로 인식하게 되었다. 그녀의 삶은 광속으로 앞으로 나아가고 있다. 더 이상 외롭거나 위험에 처할까 걱정하며 두려워하지 않는다. 그녀는 이제 모든 사람에게 진실한 진리를 알게 되었다.

감사는 우리에게 세상의 모든 근심 걱정보다
높은 의식을 제공합니다.
무조건적인 감사를 통해 우리는
영원한 풍요와 성장을 확신합니다.

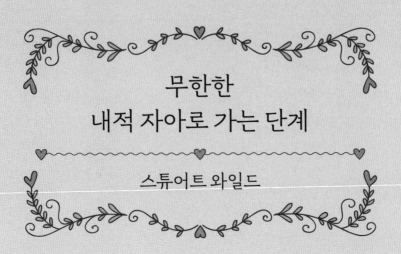

무한한
내적 자아로 가는 단계

스튜어트 와일드

스튜어트 와일드는 저자와 강사로 활동하며 자기 계발과 인간 잠재력 운동에 매진하는 실제 모델이다. 그의 스타일은 유머러스하고 논쟁적이며, 신랄하고, 변혁적이다. 그는 이 분야의 성공적인 고전으로 여겨지는《도의 5중주》를 포함하여《긍정 확언》,《힘》,《기적》,《태동기》,《돈에 대한 속임수는 돈을 버는 것이다》등 다수의 저서가 있다. 최근 작품으로는《무한한 자신: 내면의 힘을 되찾기 위한 내면의 힘을 되찾는 33단계》가 있으며 12개국 언어로 번역되었다.

삶을 통한 우리의 영적 과정은 자아ego에서 영혼으로 가는 여정이다. 자아는 보통 불안정하므로 만족하고 싶은 욕구와 충동이 크며, 수많은 두려움까지 달래야만 한다. 자아는 자신 생각과 소중한 이미지를 유지해야 한다. 그 때문에 태도는 신성한 것으로 간주한다.

인간의 성격, 그리고 그 성격 안에 거주하는 자아가 점차 자기 확인을 통해 자신이 조사하는 모든 것의 왕이나 여왕이 되는 것은 자연스러운 일이다. 시간이 지남에 따라 왕이 된 그의 명령과 욕망은 도전하거나 깨뜨릴 수 없는 칙령이 된다. 왕을 행복하게 해주고, 왕이 원하는 것을 제공해주는 것이 '가장 중요한 업무'

가 된다.

　누군가가 인간적인 관점에서 매우 똑똑하거나 성공한 인생이라면 신격화된 인간demigod의 지위에 오르는 데 시간이 그리 오래 걸리지 않는다. 일단 자아/인격이 스스로 신으로 여기게 되면 극단적으로 자기 과신에 빠지게 된다. 명령이 내려지고, 요구가 이루어지며 상황이 조작되기도 한다. 온화함, 영성, 그리고 감사하는 마음은 억압된다. 왕과 왕비가 내리는 칙령이나 이미지에 어긋나는 사람은 독재 정권의 분노를 느낄 것이다.

　현대 사회는 독재자를 낳는다. 우리 조상들이 살았던 시대에 비하면 너무 은밀하고 자아 중심적이다. 자아가 필요로 하는 모든 것이 손끝에 있다. 식량을 구하기 위해 땅을 파고, 나무를 베고, 하수를 끌어오지 않아도 된다. 모든 것이 거의 손쉽게 제공되는 것이다. 이러한 조건에서 인간이 감사를 잊는 것은 당연하다. 대신 명예와 중요성에만 집중하여 우리는 자아의 왕과 왕비를 계속 행복하게 만들기 위해 노력하는 노예가 된다.

　그리고 그곳에서 당신은 갑자기 기저귀를 두른 영적 존재로 감사와 자기 중요성, 사치와 대혼란으로 뒤섞인 이상한 세계에 태어난다. 그는 아직 어려서 자아의 법안에 도전하지 않는다. 곧 당신은 경쟁하고 노력하도록 훈련받아 무언가를 요구한다. 그리고 당신은 어떠한 희생을 해서라도 자아를 계속 행복하게 만들어야 할 필요성을 배운다.

역사는 정치적 자아들이 투쟁하는 이야기이며 그 중요성과 권력을 위한 노력의 산물이다. 당신의 개인사도 마찬가지로 유사한 전쟁들과 작성된 조약, 정복된 영토, 그리고 자아의 왕국을 유지하기 위한 노력이다. 이러한 자기중심적인 법 체제에서 하나님의 모습은 사라지게 되고 삶의 이유와 의미는 잠시 뒷전으로 물러나게 된다. 영적인 존재는 자아가 잠잘 때 어두운 골목을 서성거리는 지하 저항 운동이 된다.

그렇다면 성배를 탐색하는 신성한 여정이란 무엇인가? 나에게 있어 그것은 머리부터 심장까지, 생각부터 느낌까지, 요구와 만족부터 감사와 겸손에 이르기까지 12인치 미만의 여행처럼 보인다. 영적인 여행은 자아의 죽음에서 절정을 이루며 영의 대관으로 마무리된다.

필자의 책《변화의 속삭이는 바람》에서 언급한 바와 같이 십자가에 못 박히는 것은 우리의 영적 여행을 나타내는 상징적인 가르침이다. 당신은 십자가에서 순교한 나사렛 예수로 요약되는 자아를 본다. 십자가의 아래에 있던 마리아 막달레나와 다른 여성들은 자아를 구하는 일 말고는 아무것도 하지 않은 우리의 무한하고 영적인 자아에서 음陰의 부드러움을 나타낸다. 여성들은 오직 기다릴 뿐이다.

나사렛은 죽은 후 3일 동안 묘지에 안치되었다. 그것은 침묵과 명상 그리고 기도의 상징이다. 그것은 내면 자아의 어두운 동굴을 통해 내면으로 여행하는 자기성찰, 규율, 겸손, 감사 등과 같은 것들이다. 자기성찰과 치유 과정에서 당신은 다시 한번 하나님의 면전面前으로 돌아온 불멸의 살아있는 영혼인 놀라울 만한 임재臨在를 준비한다.

우리의 여정도 마찬가지다. 이 거룩한 여정에서 우리는 우리 자신을 치유하고 자아가 사라질 때까지 그 어느 것도 옳지 않은 이 땅의 모든 치유에 이바지한다.

지속될 수 없는 어리석은 것들을 버려라. 겸손과 감사로 영혼을 받아들이고 내면의 무한한 자아로 나아가라. 그것은 나에게 아름다운 것처럼 보이며, 우리 모두의 내면 깊숙한 곳에서 우리는 서로 그 성스러운 여정을 만드는 방법을 알게 된다. 이처럼 편하고 수월하게 현대 시대에 살고 있다는 것이 정말 감사하게 느껴진다. 역사상 개인적인 돌파구를 마련하고 영적 전환을 이루기에 적합한 때이다.

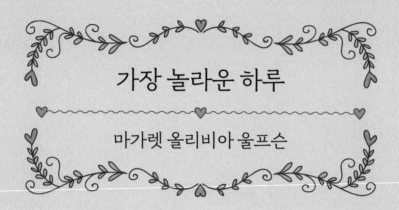

가장 놀라운 하루

마가렛 올리비아 울프슨

마가렛 올리비아 울프슨은 국제적으로 인정받는 스토리텔링 음악가이자, 개인의 성장을 돕는 상담사이다. 그녀의 독특한 공연은 음악과 함께 청중을 즐겁게 해왔다. 케네디 센터, UN, 시드니 오페라 하우스, 국립 극장, 프린스턴, 하버드 대학교 등에서 관객들을 즐겁게 했다. 대표 저서로는《거북이 문신: 시간을 초월한 당신의 꿈을 찾고 이루기 위한 이야기》,《비의 여신의 결혼》등이 있으며 현재 뉴욕에 살고 있다.

이 가장 놀라운 날에 대해 하나님께 감사한다.
나무의 푸른 영혼과 하늘의 푸른 꿈이 뛰어오르고
그리고 모든 것을 위해 자연스러운
무한한 모든 것에 감사한다.
- E. E. 커밍스

창밖에는 숨이 멎을 듯, 아름다운 풍경이 펼쳐진다. 나무가 빼곡
히 들어찬 절벽이 강을 따라 우뚝 솟아 있고, 태양이 여름 구름
속에서 살포시 얼굴을 내밀 때마다 나뭇잎은 햇살을 받아 빛나고
강물은 금빛으로 반짝인다.

방 안에는 더 많은 이미지가 내 눈을 즐겁게 한다. 영원한 배꼽 웃음을 훌륭하게 포착한 필리핀 출신 목공예가의 부처상이 체리 나무 위에 서 있고, 그 발밑에는 반짝이는 석영 결정체가 놓여 있다. 그리고 가족, 친구, 먼 곳의 풍경을 찍은 사진들이 이 전시의 매력을 더해준다. 이 가장 놀라운 날에 더욱 이바지하는 것은 내가 소중한 활동에 참여하고 있다는 사실에서 비롯되는 만족감이다.

나는 깨끗하고 평화로운 아파트에 앉아 글을 쓴다. 옆에 놓인 애플 블로썸 찻잔에서는 김이 모락모락 날아올라 주변 공기를 달콤하게 만든다. 이 모든 것을 받아들이면서 나는 영혼이 따뜻해지는 느낌에 압도된다. 그것은 감사로 가장 잘 표현될 수 있다.

우리에게 싸움을 걸거나, 슬프게 하거나, 화가 나거나, 좌절하게 만드는 모든 것에 대해 감사를 표현하는 것 또한 중요하다. 시인 시어도어 로스케Theodore Roethke가 쓴 대로 "어두운 상태에서 눈은 보기 시작한다." 스토리텔링 아티스트로서 나는 이러한 생각을 생생하게 보여주는 많은 신화와 이야기를 접했다. 뱀이나 두꺼비와 같이 혐오스러운 동물과 연관된 이 이야기 중 상당수는 사실 귀중한 보석과 금을 지키는 수호자라는 사실을 가르쳐 준다. 마찬가지로 고통스러운 경험도 무의미한 것은 아니다. 고통의 껍데기를 깨면 거의 항상 영적인 진주를 발견하게 된다.

감사의 힘을 아름답게 보여주는 워크숍 참가자가 있었다. 마리솔이라는 이름의 이 여성은 도심 생활의 상처를 안고 자랐다. 부모 중 한 명은 부지런하고 꾸준하게 일하는 분이었지만, 다른 한 명은 알코올 중독자이며 대부분 집에 없었다. 이러한 부모 밑에서 마리솔이 겪은 학대는 거리에서의 약육강식 교육과 결합하여 결국 그녀의 몰락으로 이어졌다. 그녀의 영혼은 무너졌고 지옥 같은 마약의 지하 세계로 빠져들었다.

그녀는 30세가 되어 임신하게 되었는데 자신이 HIV 바이러스 양성이라는 사실을 알게 되었다. 두려움과 함께 솟아난 모성애에 동기부여가 된 그녀는 갑자기 자신의 삶을 바꾸게 되는 꿈을 꾸었다. 이를 위해 그녀는 주변의 도움을 구하기 시작했다. 그녀는 상담사, 심리치료사, 워크숍 진행자, 성직자, 동료, 그리고 그녀의 사례와 관련된 의료 종사자들에게 깊은 감사를 표현했기 때문에 많은 사람이 그녀를 돕기 위해 발 벗고 나섰다. 그들의 지원은 그녀 자신의 강력한 힘과 결합하였을 때 기적을 일으켰다.

이 글을 쓰는 현재, 마리솔은 약물 중독에서 벗어나 회복 중인 상태이며 HIV 바이러스 감염에도 불구하고 그녀의 건강은 양호하다. 한때 마약 담배crack pipe를 자유롭게 태우던 그녀의 에너지는 이제 길든 짧든 자신과 반짝이는 눈망울에 통통한 다리를 가진 두 아이의 미래를 만드는 데 사용되고 있다.

우리의 삶에서 이미 가진 것에 대해 감사함을 느끼고 표현하는 것은 삶에서 순조롭게 흘러가지 않는 상황을 손 놓고, 수동적으로 받아들이는 것을 허용하지 않는다. 부족한 상태를 풍요로움으로 바꾸기 위해 우리는 자신에게 집중해야 한다. 가난이 아닌 부에 집중해야 한다. 우리가 의식적으로 문제를 밀쳐 내거나 회피하지 않으려고 노력해야 하는 동안에도 자신에게 칭찬할 무언가를 찾는 것이 필수적이다. 불평은 우리 마음에서 긍정적인 부분에 관심이 빠져 있는 것에 집중하는 것일 뿐이다. 내면세계에서 정신적으로 집중하는 것은 점차 외부로 나타난다. 불평할 상황이 곧 나타난다. 이러한 상황을 바꾸려면 이미 있는 것에 감사를 집중해서 내면 세상을 채우는 것이다.

감사의 마음을 키울 수 있는 한 가지 방법은 우리 주변의 아름다움에 더 세심한 주의를 기울이는 것이다. 서리가 내린 물 한 잔으로 갈증을 해소하거나, 흐린 날 아침 이불 아래에서 호화롭게 지내거나, 산들바람이 민들레 홀씨를 퍼트리는 것을 보거나, 달빛 밤에 귀뚜라미가 울부짖고 노래하는 합창을 듣는 것과 같이 겉보기에 작은 순간조차도 존중하는 자세로 대한다면 우리는 감사의 감정을 불러일으킬 수 있다.

슬프게도 감사하는 마음이 부족한 사례는 무수히 많은 방식으로 나타나는데 그중 일부는 항상 이해하기 힘든 일도 있다. 예를 들어, 우리 중 너무 많은 사람이 생명의 화려함을 무시한 채 엄청나게 많은 활동 목록만을 살펴보면서 서둘러 바쁘게 움직인다. 우리는 형형색색으로 다채로운 대지의 풍경을 지나가지만 거의 알아차리지 못한다. 또한 우리의 영양분을 위해 스스로 바친 생명체에 대해서도 침묵의 감사조차 없이 음식을 먹어 치운다.

우리에게 친절하거나 도움이 되는 일을 해주는 사람들에 대해서도 그들의 노력을 최소화하거나 그들에게 받은 서비스에 대해 부적절한 방식으로 감사를 표현한다. 우리는 아름다운 책들을 바닥에 팽개쳐 버리거나, 오랫동안 전해 내려온 소중한 지혜로 가득 찬 내용들을 당연하게 여긴다. 우리는 개인적인 삶의 요구에 휩싸여 인생 여정에서 우리를 지원하는 친구, 가족 또는 동료들을 자주 무시하거나 가혹하게 대한다. 존재의 근원인 태양을 자주 비참함과 신음하는 상태로 맞이한다. 그것은 우리에게 빨리 잠에서 깨어나 원치 않는 하루를 다시 시작하라고 명령하는 까다로운 침입자처럼 느껴진다.

많은 아메리카 원주민 전통에서는 특히 대지에 감사를 표현하는 것의 중요성을 강조한다. 다른 많은 사람처럼, 나는 나바호어 축복의 길 성가의 엄숙한 아름다움에 끌린다. 이 의식용 노래의 힘은 너무나 강력해서 고통 받는 사람을 세상과 조화롭게 만들 수 있다고 한다.

얼마 전, 나는 나바호족 가수가 한 노인 여성에게 뷰티 웨이 성가Beautyway Chant를 낭송하는 다큐멘터리를 본 적이 있다. 그 노인의 불안을 진정시키기 위한 성가는 산, 허브, 상록수, 아침 안 개, 구름, 모이는 물, 이슬방울 및 꽃가루의 정신에 대한 환자의 연결을 설명했다. 그 가수는 노인 주변에 펼쳐진 풍부하고 야생 적인 아름다움과 친밀감을 느끼도록 도와줌으로써 그녀의 치유 에 이바지했다.

감사를 느끼고 표현하는 행위는 선하고 강력한 치료제다. 우 리를 둘러싼 풍요로움과 연결되어 있다고 느낄 때 우리는 축복을 느낀다. 삶과 고통은 무지개와 폭풍 구름, 햇빛과 그림자, 질병과 건강처럼 서로 얽혀 있지만, 신앙과 마찬가지로 감사는 고통이 전체 그림이 아니라는 것을 이해하는 데 도움이 된다.

감사 기도

루이스 헤이

내 존재의 중심 깊은 곳에는 무한하게 솟아나는 감사의 우물이 있다. 나는 이제 이 감사가 내 마음, 내 몸, 내 정신, 내 의식, 내 존재 자체를 채우도록 허용한다. 이 감사는 나로부터 사방으로 퍼져나가 세상 모든 곳을 감동하게 해 다시 나에게 돌아온다. 감사를 더 많이 느낄수록 감사해야 할 대상이 무한해진다. 감사를 실천하면 기분이 좋아지는데 이것은 내면의 기쁨을 표현하는 것이다. 그것은 내 인생에서 느껴지는 따뜻하고 포근한 상태다.

나는 나 자신과 내 몸에 감사한다. 보고, 듣고, 느끼고, 맛보고, 만질 수 있는 내 능력에 감사한다. 나는 내 집에 감사한다. 나는 집을 사랑스럽게 돌본다. 나는 가족과 친구들에게 감사하고 그들과 함께 기뻐한다. 나는 내 일에 감사하며 항상 최선을 다한다. 나는 내 재능과 능력에 감사하며 이를 지속으로 표현한다.

나는 내 수입에 감사한다. 나는 내가 어디를 가든 번영한다는 것을 알고 있다. 나는 과거의 모든 경험에 감사한다. 그로 인해 내 영혼의 일부가 성장했음을 알기 때문이다.

나는 모든 자연에 감사하며, 모든 생명체를 존중한다. 나는 바로 오늘, 그리고 다가올 내일에 감사한다.

나는 생명에 감사한다.
지금도 그리고 앞으로도 영원히!

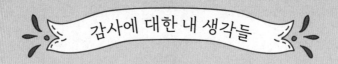
감사에 대한 내 생각들

감사 : 삶의 시작이자 끝

초판 1쇄 인쇄 2023년 12월 22일
초판 1쇄 발행 2023년 12월 29일

지은이 │ 루이스 헤이와 친구들
옮긴이 │ 엄남미, 이계윤
펴낸이 │ 엄남미
펴낸곳 │ 케이미라클모닝

등록 │ 2021년 3월 25일 제2021-000020호
주소 │ 서울 동대문구 전농로 16길 51, 102-604
이메일 │ kmiraclemorning@naver.com
전화 │ 070-8771-2052

ISBN 979-11-92806-16-7 (03110)